JN069300

Kotsuri Haruyo　Giga Reiko

小釣はるよ&儀賀玲子

はじめに

☆誰もが魔法使い☆

子どもの頃、おままごとで作った『草のお料理』、覚えていますか?
ママ役のおんなのこは、草を摘みながら「今日の夕食は何にしようかしら〜?」
と、家族の顔を思い浮かべるとメニューがひらめきます。
石や枝で囲ったおうちに戻って、お料理トントントントン……、
花粉のお塩をパラパラパラ〜っと振って、はいっ!　できあがり!
「今日はパパの大好きなカレーです♡　ヒミツの味付けでおいしくできました!」

魔法のかけられたカレーを前に、パパ役のおとこのこは「わー！　おいしそう！」と、ペロッと食べるふりをします。

そんな風に、子どもの頃の気持ちに戻ってウキウキ、キラキラした気持ちになってお料理すれば、だれもが魔法使い♡

しあわせな食卓の出来上がりです!!

小釣はるよ
儀賀玲子

CONTENTS

野草マイスターのゆる魔女レシピ DAY2

本書のＤＡＹ２は２０２０年1月12日、ＩＴＴＥＲＵ　ＣＯＦＦＥＥにて開催された【◇野草使いの魔女レシピ◇～魔法にかかった野草料理を食べる会～】の模様を文字に起こした内容です。
（部分的に編集しております）

ブックデザイン　高岡　聰
校正　鷗来堂
カメラマン　中山ノリ
撮影ディレクション　高橋さやか

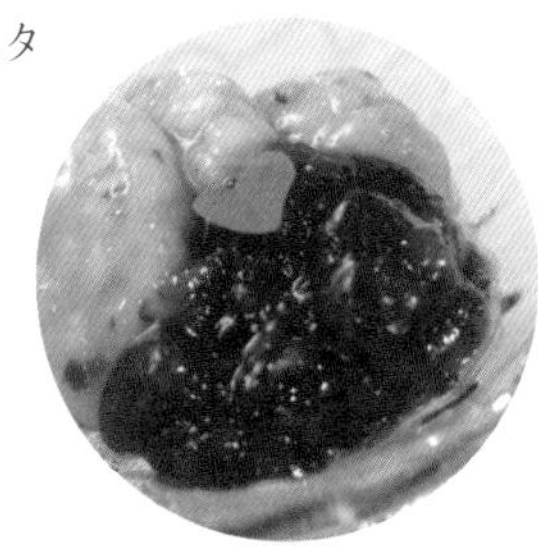

野草マイスターの ゆる 魔女レシピ

DAY 1

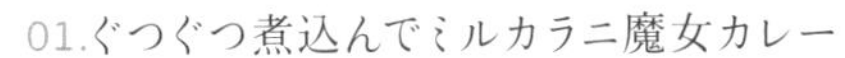

01.ぐつぐつ煮込んでミルカラニ魔女カレー

02.バジルいらずのウィキッドジェノベーゼパスタ

03.細胞レベルで身体喜ぶ野草餃子

04.みんな大好き！ 気まぐれ野草ハンバーグ

05.小さな見習い魔法使いと作りたい！
緑の白玉デザート

CURRY

ぐつぐつ煮込んで ミルカラニ魔女カレー

鍋の中で煮えるグリーンのカレーは、まるで小さい頃に絵本で読んだ魔女の料理みたい！

［材料］2〜3人分

玉ねぎ（みじん切り）…2コ
野草（みじん切り）…両手1杯分程度
水…適量
鶏肉 むね or もも…1枚（250g）
ココナッツミルク…1缶
生姜（みじん切り）…1かけ分
ニンニク（みじん切り）…1かけ分
油…大さじ1

A
- 生姜（すりおろし）…材料とは別にお好みの量
- ニンニク（すりおろし）…材料とは別にお好みの量
- 醤油…小さじ1
- 野草味噌＊…お好みの量
- クミンパウダー…小さじ1
- カレーパウダー…大さじ2程度

＊詳しくは巻末をご参照ください。

［作り方］

1.鍋に油と生姜、ニンニクを入れて弱火にかけ、香りをたたせる。玉ねぎを入れ、透明になるまで炒め、野草を加えたら、しんなりするまで炒める。

2.①をミキサーに移し、全体の3/4が浸るくらいの水を加え、ペースト状になるまでミキサーにかける。

3.フライパンで一口大に切った鶏肉を炒め、火が通ったら、②を投入し、煮込む。

4.ぐつぐつとしてきたら、Aを入れ、濃いめに味をつけ、仕上げにココナッツミルクを加えマイルドさを出す。

5.ご飯に盛り付ける。
※写真は野草ご飯（P52）に盛り付けています。

Magic tips

美味しくなる魔法のヒント

●野草を切る時に、包丁で簡単に切れなかった固い茎などはよける。

●野草味噌の代わりに市販の赤味噌を使うのもおすすめ。

PASTA

バジルいらずの ウィキッドジェノベーゼパスタ

生の野草が爽やかなジェノベーゼソース風に変身する衝撃を味わって！

［材料］３〜４人分

野草…50g
ニンニク…２かけ分
無塩ミックスナッツ…20g
粉チーズ…お好みの量
オリーブオイル…100mℓ
パスタ…人数分

［作り方］

1.長めの野草はザク切りし、パスタ以外のその他の材料すべてと一緒にフードプロセッサーに入れ、ナッツの食感が残る程度に粉砕する。

2.パスタをゆで、ボウルに移した①とからめる。

Magic tips

美味しくなる魔法のヒント

●ニンニクとナッツの風味が効いているため、クセの強い野草でも不思議と味が調う。

●カラシナを入れるとニンニクとはまた違うピリッと爽やかな辛みが楽しめる。

GYOZA

細胞レベルで身体喜ぶ 野草餃子

野草のうまみと魔法をぎゅっと一緒に包み込もう。

［材料］2人分

野草…200g 程度
豚ひき肉…150g
野草塩*or塩…小さじ1/2
餃子の皮…20枚

*詳しくは巻末をご参照ください。

［作り方］

1.野草をみじん切りにして、野草塩（塩）で揉む。

2.水を絞った①と豚肉をよく混ぜる。

3.②を餃子の皮で包んで焼く。

Magic tips

美味しくなる魔法のヒント

●餃子に抜群に合うピリ辛野草万能タレもご紹介！
醤油（小さじ1）、酢（小さじ2）、豆板醤（お好み）に香りのある野草、ミント、セリなどを刻んで混ぜるだけ。他の料理にも使ってみよう！

HAMBURG STEAK

04

みんな大好き！気まぐれ野草ハンバーグ

野草が少量でも存在感を感じられるのは、"あなたが選んだ"という魔法が効いているから。

［材料］2人分

野草（みじん切り）…お好みの量
牛豚合いびき肉…200g
玉ねぎ（みじん切り）…1コ
野草塩 or 塩…小さじ1/2
生姜（すりおろし）…1かけ分

［作り方］

1.フライパンに油、生姜を入れて火にかける。プツプツしてきたら、野草、玉ねぎを入れ、しっかり炒める。

2.ボウルに入れた肉に粗熱を取った①を投入し、よく混ぜる。

3.成形して両面をじっくり焼く。

4.盛り付け、お好みのソースをかける。

Magic tips

美味しくなる魔法のヒント

●卵を使っていないので、タネがよくなじむよう①の工程ではしっかりと炒めよう。

●野草料理初心者さんがお試しに少量から野草を取り入れるのにもおすすめのメニュー。

DESSERT

05

小さな見習い魔法使いと作りたい！ 緑の白玉デザート

摘んで、刻んで、こねて、思い出も一緒に作ろうね。

［材料］ 3～4人分

白玉粉…100g
水…100ml 弱
野草（みじん切り）…10g

〈トッピング〉
あんこ（つぶあん or こしあん）
…お好みの量
野草…少量

［作り方］

1.みじん切りした野草、白玉粉、水を1つのボウルに入れて混ぜ、耳たぶくらいの柔らかさになるまでこねる。

2.①を小さく丸めてすこし真ん中をくぼませ、沸騰させた鍋のお湯に落とし、ゆでる。

3.ぷかぷか浮いてきたら、湯切りし、氷水を張ったボウルに取り上げる。

4.白玉を冷やしている間にトッピング用に野草をゆで、細かく刻んであんこと混ぜる。

5.器に白玉を盛り付け、野草餡を載せて出来上がり。

Magic tips

美味しくなる魔法のヒント

●小さなお子さんと食べるなら苦みの少ない野草を選ぼう。

●トッピングの野草餡には酸味のあるスイバなどを使うと甘酸っぱく、さっぱりした餡になる。

Pulse

儀賀玲子

Giga Reiko

野草と発酵の学校 認定講師。

男の子（二児）の母として、日々の子育てに奮闘する中で悩みを抱え、解決のためにアトピー、アレルギー、食育などを勉強していたところ、小釣氏と出会う。

小釣氏指導のもと、自身も野草を用いての体質改善に成功している。

家族のため、また、自分の好き嫌い対策のために工夫した、おいしい野草料理のレシピが真似したくなると大人気。

ゆる魔女料理教室　講師（著者）ご紹介

小釣はるよ

Kotsuri Haruyo

野草と発酵の学校 代表。

「道端にある雑草をいのちの宝物に」を掲げ、日本で唯一の野草マイスター養成講座を主催。

2014年に【NPO法人 E&Wラボ 酵素と野草研究所】（現野草と発酵の学校）を設立。

野草、松、発酵関連の商品開発、商品監修など幅広く活躍中。

著書に『野草を宝物に えっ？！松って飲めるんですか？』（ヒカルランド刊）がある。

明るくテンポの良い伊勢弁で熱く語る講座は聞いているだけで元気をもらえる。

HP　http://ew-labo.com/

目が合うのはどの野草？

まず、何も考えずに左の画像の中から一番気になる野草を選んでみてください。
その後、次のページへ進んでください。

では、今度の左の画像ではどれが一番気になりますか？


今、選んだ野草と、さっき選んだ野草は同じですか？

それとも違いますか？

どちらのページで選んだ野草も、なぜその野草を選んだのか、どこが気になったのかを本を読み終えるまで覚えていてください。

そして、読み終えたらもう一度、さっきのページ（Ｐ27）へ戻ってみてください。

選ぶ野草が変わっているかもしれませんよ？

効果効能：浄血、催乳、整腸作用、胃腸病、利尿作用など。
潜在意識への効果：人に流されやすいとマイナスに感じる方におすすめ。自分のリズムを取り戻せる。

効果効能：抗アレルギー、認知症予防、アンチエイジング、血行促進など。潜在意識への効果：人の目を気にしてしまう方におすすめ。ヨモギの力で自分の内側を整える。

効果効能：咳止め、利尿作用、デトックス効果、むくみ解消など。潜在意識への効果：気持ちの切り替えをしたい方におすすめ。頑張りすぎてしまう方はオオバコですっきり！

効果効能：冷えの改善、美肌効果、疲労回復、新陳代謝の促進など。潜在意識への効果：困っているときに助けを求めにくいと感じる方におすすめ。タンポポの力でシンプルな思考に。

E&Wラボ（現　野草と発酵の学校）のあゆみ

「野草」と聞くと、みなさんはどんな草を思い浮かべますか？
旬を迎えると道の駅に並ぶような山菜でしょうか？

では、「雑草」と聞くとどうでしょう？

ちょっとしたネガティブな気持ちと一緒に思い起こされる邪魔な庭の草、お手入れしている花の鉢植えにひょこっと顔を出す厄介者、あるいは特に気にも留めないけれど、そこら辺に生えている草。

そういう存在ではないでしょうか。

実は野草と雑草は呼び方は違えど、種類の違いでの区別はありません。
ただ認識の違いでそう呼ばれているだけ。

本書の中では野草と呼んでいますが、私は、きっとみなさんがどちらかというと雑草と認識している存在、そちらにスポットを当てています。

そのことを少し頭の隅に置いて、読み進めていただけたら幸いです。

私（小釣はるよ）は現在、野草と発酵の学校の代表をしています。

E&Wラボ（現 野草と発酵の学校）は、生活の中に野草や発酵を取り入れることを通じて、自分本来の感覚と本能を磨き、輝くことを提案してきました。

そして、同じ志を持った仲間たちと野草マイスター、発酵錬菌術マイスターの認定講座を開催してきました。

設立当初は、まだ野草に関心のある方が少ないこともあり、ただただ、野草には凄まじい生命力や薬効があるから身体にいいということを広めたくて、野草を食べたり、飲んだりすることを楽しく学んでいただける企画に力を入れていました。

それは、野草を生活に取り入れていただくために実用性を重視した野草の使い方だけの提案でした。

でも、その反応はというと、この頃は、まだまだ野草を広める活動をしていると聞いても、ピンとくる人も少なく、「なんで野草～?!」って不思議に思われることがほとんどでした。

そんなある日、いつものように野草に話しかけながら草摘みをしていると、野草から『こんなもんじゃない‼』という強い訴えに近いアピールがあったのです。（いきなり野草に話しかけるやら、アピールがあっただのと言われても驚かれることと思いますが、私にとっては日常なのです）

本で得た知識で、確かに野草には野菜を遥かにしのぐ栄養成分や、当時はまだ確かではないと思っていたけれど、常在菌の持つ力が働いているということはうっすらわかっていました。

しかし、その時受けた野草のアピールから、彼らが伝えたがっているのは栄養成分云々ではないと感じました。

そしてこの訴えは、私が野草のことを広めたいと思ったきっかけになったある体験を思い出させてくれたのです。

本当に伝えたいのは野草の無償の愛

私には、産後に、人と接することができなくなるほど、ひどい鬱症状に悩まされていた時期がありました。

そんな時、寄り添ってくれたのが野草で、野草に触れていた時間は、唯一素が出せる時間だったのです。

私の場合、鬱になった時、周りの人に心配をかけたくないという心理が働きました。

そのため、自分の家族に鬱だということを知られないように、自分以外の人（家族も含め）といるときは、いつもの明るい自分でいないといけない、元気でいないといけないと、そういう思いでいました。

でも、そんな状態を続けていると、そのうち、自分がなんなのか、何で生きているのかもわからなくなり、さらに心が疲れて限界になってしまい、ついには、人と接することも一緒にいることもできなくなってしまったのです。

そうやって精神的に疲れて、元気を失っていた時、目に映った野草に、私はいつもとは違う感覚を覚えました。

その姿は何もかも受け入れてくれる存在、〝無償の愛〟そのものでした。

とても小さな存在であるにもかかわらず、野草から、懐の広さと深さのようなものを感じたのです。

この時初めて野草からのメッセージが自分の中に飛び込んでくる感覚を知りました。

途端に、心の中に溜め込んでいた誰にも言えなかった悲しさ、絶望感、孤独感、悲壮感といったネガティブな感情がどんどんと溢れ出してきたのです。

自分の中に、こんなにもため込んだ感情があったことを知って驚きました。

この体験こそ、野草の本来の姿を目の当たりにした瞬間だったと今でも思います。

それからは、野草に触れれば触れるほど、自分の本心があぶり出されるように出てきて、心の元気を取り戻していきました。

このおかげで私は、人間を立ち直らせる力が野草にあることを身をもって知りました。

そして『こんなもんじゃない!!』その力こそ、正にこの体験であり、自分が人に伝えたいことだったと確信したのです。

当時の感情を思い起こした私は、もう一度私の役割と、私にしかできないことに向き合い、のちに野草と発酵の学校となるE＆Wラボの理念をつくり発信していくことになります。

あなたが主体的に生きるためのお手伝い

この頃を境に、講座でお伝えする内容を見直していきました。

日常によって作られる常識や固定観念を外して、本来の自分の中にある姿に気づいていくことをより大事にした発信にしていったのです。

そのため、野草を楽しみながら生活に取り入れる「野草生活」の提案だけではなく、その奥にある、野草の秘めた力を借りるという概念、「人の思考のデトックス」を取り入れることを始めました。

その分岐点からE＆Wラボ（現 野草と発酵の学校）は、その理念を『主体的に生きる』＝〝あなた創りのお手伝い〟とし、その輪を広げることとなります。

それまで構築してきた野草の講座は入り口となり、その奥にある、「本来の自分を生きること」に気づいてもらうきっかけづくりに繋がっていき、野草の使い方のみを伝える講座から、野草の使い方を通じて本来の自分になっていく講座としての発信を主体に活動を続けていくこととなったのです。

身近な人を救いたいという思いから生まれる新たな発信

実は、私はE&W（現　野菜と発酵の学校）の活動を始めたタイミングで私生活のほうでは、離婚を経験しています。

でも、元義理の両親との交流は続いていましたし、お互いの生活や、身体のことなどを気遣いあってもいました。

ところがそんな折、元義理のお父さんが、ガンだということがわかりました。

この時、それまでに10年以上色々な野草に関しての経験を積んだ私が、義理の父を助けたい気持ちでとっさに手にしたのは、野草ではなくて、松でした。

そう、あの「松」です。

松葉をジュースにしたものと松サイダーをお見舞いに持っていくと、松は寝たきりの義父に奇跡を運んできてくれました。（詳しくは著書『野草を宝物に「え?! 松って飲めるんですか?」』〈ヒカルランド刊〉をご参照ください）

実際の体験を通しての経験でしか発信することがない私は、そうして松に触れ、その底力を体験し、松の講座を作り、発信すると決めました。

流れを受け入れ、適応するために進化し続ける

現在野草と発酵の学校で行っている講座は、「野草マイスター講座」「発酵錬菌術マイスター講座」という認定講座。

単発の講座としては、「五感を使ってレシピを使わずに作る野草料理講座」「松の底力講座」「菌を育む野草味噌講座」の3講座があります。

どれも毎回、遠方からもご参加いただだいており大盛況です。

でも、時代の流れと共に、私たちの活動も進化していかないといけません。

それまで対面講座のみで行っていた講座をなかなか直接お会いできない遠方の方にも届けたくて、ネット配信でのウェビナー講座をやってみるなど、課題もありながら、どうすればもっと広く、この講座を届けることができるのかを模索していました。

そんな時に、過去に通っていたビジネス塾のコンサルの先生と久しぶりにお会いすることになりました。

思い切って今までの経緯を話すと、先生は、こうするといい、こうするのはどうだろうというアイデアをたくさん提示してくださいました。

しかし、今後充実させたいと思っていたオンライン講座に関しては、草ありきでの講座であるのにフィールドがないオンラインでというのは、あまりに無謀であり、そこが壁であることも先生はご指摘くださいました。

ですが、この再会は転機ともなりました。

先生のおかげで抱えていた問題がクリアになり、新たなチャレンジとしてオンラインでの野草講座を開催する運びとなったのです。

２０１９年からは、オンライン講座で野草の「無料オンライン講座」と野草を使った「発酵錬菌術マイスター年間講座」をスタートすることができました。

オンライン講座では無謀と思われていた問題点は、野草セッションを加え『あなたにあった目の合う野草の摘み方』として提示することで、逆に特化させることができたのです。

草ありきのフィールドをどのようにオンライン講座に落とし込んだのか、ぜひご覧いただけたらと思います。

講座を受ける前は固定観念から「ただの草」だと認識していた野草が、受講後には日々の生活を楽しむためのエッセンスに変身してしまう、そんな野草ライフを試してみたくなるはずです。

直感で野草を摘むことで感覚を養う

私たちの中に「野草は効果効能や成分で判断して使う」という固定観念があると、選ぶ時、その選択肢が狭まってしまいます。

P27〜29で疑似体験された方もいらっしゃるかもしれませんね。

つまりそれは、固定観念を通さなければ手に取っていたはずの野草との出会いが、最初の段階で可能性0になってしまうということです。

私たちは、知らず知らずのうちに周りの良い悪いの声で作られた基準や常識＝他者目線を気にした過去の記憶から出来上がった固定観念を持ち合わせています。

潜在意識には本来の自分を邪魔してしまうブロックとしての思考のクセや思い込みが固定観念として刻まれているのです。

その思考のクセや思い込みは、仕事、子育て、恋愛、家族の場面において、人、モノ、お金との関わりにとんでもなく大きな影響を与えています。

それを野草を選ぶ野草セッションで変化させていくことで、今、この瞬間の感じ方から自分が本当に選びたいものまでがわかるようになっていくのです。

「気になる」という感覚で野草を摘むことは自分に合うものを選ぶ感覚を養ってい

くことだと私たちは考えます。

不思議に思われるかもしれませんが、目に映る野草が変わり、選べる野草の選択肢が広がっていくにつれ、心がブロックしてきたものは徐々に小さくなり、思考のクセはスルスルとほどけていきます。

そうして自分で選ぶ感覚が身についたなら、摘んだ野草を生活の中で使うことでさらに継続性が保たれます。

そこまでの状態に持っていくこと、そして継続させ、奇跡に繋げていった方たちのことを私たちはたくさん見てきました。

そんな風にいうと、野草と発酵の学校独自の野草の使い方、楽しく食べたり飲んだりする方法、身につける方法は、一見魔法を使う魔女のように映るかもしれません（笑）。

でもそれは、「楽しいから勝手に野草ライフを続けてしまう」という主体性のベース作りに繋げていただくための工夫がそう見えているだけです。

タンポポのように強く根を張るために、綿毛のように自由に遠くへ思いが広がるように

私たちの講座は、オンラインであってもゴールは一緒です。

目の合う野草で感覚を養い、生活に楽しく野草を取り入れ、自分の軸を創り、自信を持った選択力を身につけ、主体性ある人生を送ることができるようになるための講座であることに変わりありません。

今まで、遠方のため受講が難しかった方や「野草」「発酵」というキーワードから繋がった新しいご縁により、6年間で述べ約4500名の方がオンラインで受講くださいました。

たくさんご縁をいただけたこと、本当にありがたく思っています。

そしてなんと、そのご縁の輪はまたまた現れた最強の助っ人によってさらに広がっていくことになりそうです。

最近同じビジネス塾の出身で、コンサルの先生をされていた方（前述のコンサルの先生とは別の方）との再会があったのです。

この奇跡的なタイミングは、さらに多くの方に野草との関わり方を知ってもらうきっかけになる予感がします。

これからはその方の力もお借りし、オンライン講座配信にYouTubeでの配信が加わることになります。

これまでの野草と発酵の講座をオンライン講座での軸とし、目の合う野草摘みができる企画などを加え、今までの集大成を新しい形として構築していきます。

さらに、認定を受けた各地の野草マイスター、発酵錬菌術マイスターの方とタッグを組み、チームとして共に野草を通じてその楽しみ方と誰もが主体的に生きるための発信を続けていきたいと思っています。

まだまだ、ニッチなジャンルですが、時代の革命期ともなりそうなコロナウィルスの影響もあり、今後、野草の存在価値がもっともっと世の中に浸透していくと思っています。

野草の役割、人と植物（自然）との関わり、成分や物質重視の野草だけではなく、今までの常識がひっくり返る野草のすごさをもっとわかりやすくお伝えしていきたいなと思います。

これからも、進化と成長を繰り返しながら楽しく発信していきます。

ぜひ、私たちから目を離さないで、一緒に楽しんでください。
引き続き、ＤＡＹ　２をお楽しみください。

小釣はるよ

（お知らせ）ＮＰＯ法人　Ｅ＆Ｗラボ　野草と酵素研究所は２０２０年４月より
野草と発酵の学校という名称に変わりました。

野草マイスターの ゆる魔女レシピ

DAY 2

TEA

06

直感 フレッシュハーブティー

魔法のティーパーティーには欠かせない！？
ワイルドな香りのフレッシュハーブティーをどうぞ。

［材料］

好きな野草
…ティーポットに2/3程度
お湯…人数分

［作り方］

1.好きな野草を選び、大きいものはハサミで切るか、手でちぎりポットに入れる。

2.お湯を注ぎ、好みの濃さまで3～5分、蒸らして完成。

Magic tips

美味しくなる魔法のヒント

●仲間とそれぞれが直感で選んだ野草をちょっとずつ入れて作るのも楽しい！

●効果効能ばかりを気にせず、気になる野草を選んでみよう。

RICE

どちらもパワフル！若草ご飯&枯れ葉ご飯

雑草のパワーを体感できたら、次は枯れ葉レシピに挑戦なんていかがでしょう？

［材料］

＊若草ご飯＊
野草（みじん切り）…お好みの量
生姜（みじん切り）…1かけ分
米…人数分
水…炊飯分

＊枯れ葉ご飯＊
枯れ葉…お好みの量
米…人数分
水…炊飯分

［作り方］

1.研いだお米に必要な分量の水、野草（若草ご飯には生姜）を入れて炊くだけ。

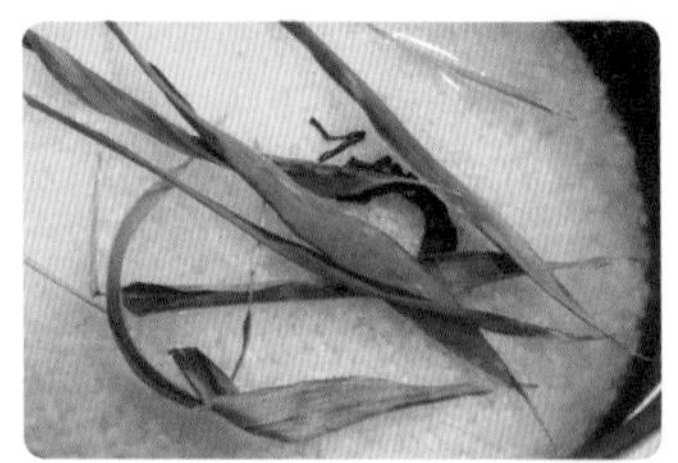

Magic tips

美味しくなる魔法のヒント

●枯れ葉ご飯は、茎や葉が固いので、炊きあがったら混ぜ込まずに取り出す。

●こんな枯れ枯れ～な葉にすごいパワーが！！

PASTA

魔女のまかない ミートソースパスタ

ぱぱっと作れる定番メニューにも野草が魔法をかけてくれるよ。

［材料］2〜3人分

野草（粗みじん切り）
　…片手一掴み程度
玉ねぎ（粗みじん切り）…1コ
人参（粗みじん切り）…1本
豚 or 合いびき肉…200g
カットトマト缶…1缶
ニンニク（みじん切り）…1かけ分
生姜（みじん切り）…1かけ分
オリーブオイル…適量
野草塩 or 塩…適量
野草味噌 or 赤味噌…大さじ1
パスタ…人数分

［作り方］

1.深めのフライパンにオリーブオイルをひき、ニンニクと生姜、玉ねぎを入れ、中火で炒める。

2.玉ねぎが透明になったら、野草塩（塩）を入れてさらに炒める。

3.野草、人参、ひき肉の順に入れて炒める。

4.トマト缶の中身をすべて入れてひと混ぜしたら、野草味噌（赤味噌）を入れて煮詰める。

5.水っぽさがなくなったら、味を調えてゆであがったパスタにからめ、出来上がり。

美味しくなる魔法のヒント

●トマトと人参が個性的な野草の風味をミートソースとしてまとめてくれるから、香りのある野草をスパイスを利かせる感覚で遊ぶように使ってみて！

MAPO TOFU

思い込みグセ解消！ 野草麻婆豆腐

料理には向かないとされる個性的な香りの野草をあえて選んでみるべし！

［材料］3〜4人分

野草適量（みじん切り）
豚ひき肉…200g
絹ごし豆腐…150g2丁

A
- 野草味噌 or 赤味噌…大さじ2〜3
- 醤油…大さじ1
- 豆板醤…小さじ3
- 水…150〜200ml
- ニンニク（みじん切り）…1かけ分
- 生姜（みじん切り）…1かけ分

水溶き片栗粉…適量

［作り方］

1. Aを混ぜておく。
2. 豚ひき肉、野草、Aを鍋に入れ、火をつけずに混ぜる。
3. ②の上に豆腐をまるごと載せたら、中火にかける。
4. ふつふつしてきたら、豆腐を切りながら混ぜる。
5. 水溶き片栗粉を回し入れ、とろみがついたら完成。

Magic tips

美味しくなる魔法のヒント

●香りの強い野草も気にせず入れられるレシピのひとつ。ドクダミを使うのもおすすめ！

●いつもは選ばない野草を使って、いつもとは違う調理法で作って、あなたの固定観念を揺さぶろう。

MEATBALL

野草香る納豆つくね

お酒のつまみにも、小腹がすいたお子さんへの一品としてもおすすめ。

［材料］2～3人分

野草（みじん切り）…80 ～ 100g
鶏むね肉（粗みじん切り）…200g
大粒納豆…1パック
絹ごし豆腐…お好みの量
野草塩 or 塩…ひとつまみ
調理油…適量

［作り方］

1.ボウルに油以外の材料を入れ、すべてを混ぜ合わせる。

2.小さめに成形し、薄く油をひいたフライパンで両面を焼く。

Magic tips

美味しくなる魔法のヒント

●餃子のところで紹介したピリ辛野草万能タレ（P14）をかけるとお酒のつまみにピッタリ。

CAKE

黒(ごま)魔女 ガトーショコラ

黒魔女ならぬ、黒(ごま)魔女のレンジで作れる簡単ガトーショコラ。

［材料］2～3人分

野草(みじん切り)…10g程度
油…60g
卵…2コ
純ココア…15g
黒すりごま…15g
薄力粉…40g
砂糖…90g
ベーキングパウダー…小さじ 1/2
電子レンジ対応の四角い容器
(写真のガトーショコラは正方形700mlのタッパーを使用)

［作り方］

1.ボウルに油、卵を2つ割り入れ混ぜる。

2.①に薄力粉、ココア、黒すりごま、ベーキングパウダーをザルでダマを崩しながら入れて混ぜ合わせ、野草を加えてさっくり混ぜる。

3.500Wのレンジで4分半加熱したら出来上がり。

Magic tips

美味しくなる魔法のヒント

●野草の水分が多く、加熱時間が足りない場合は加熱時間を増やす。

●スパイシーに仕上げたい場合は、フェンネルやローズマリーをプラスしよう。

JELLO

12

松ジュースde
松ゼリー

野草マイスターを語るなら欠くことができない松ジュース！
今回はゼリーにしちゃったよ！

［材料］２人分

松ジュース＊…250ml
甜菜糖…大さじ３
粉寒天…４g
水…100ml

＊下画像は松ジュースと、材料の松葉です。
松ジュースの詳しい作り方は巻末をご参照ください。

［作り方］

1.すべての材料を鍋に入れて火にかける。

2.沸騰して２分くらいしたら、火を止めて容器に入れる。
粗熱が取れたら、冷蔵庫で固める。

3.容器からスプーンなどでゼリーをくりぬき、冷やした器に盛り付けて完成。

Magic tips

美味しくなる魔法のヒント

●和風の味わいのゼリーなので、緑の白玉デザート（P18）で使用した餡をトッピングするのもおすすめ。

～ゆる魔女料理教室スタート～

小釣

「今日はみなさん、集まっていただきありがとうございます。

これから野草を使った料理の講座を始めますよ。

私たちが普段活動しているＮＰＯ法人のＥ＆Ｗラボ（現 野草と発酵の学校）では、野草と松と発酵などについての情報発信の他に、野草マイスターの講座、発酵錬菌術マイスターという講座もそれぞれ対面とオンラインで開いています。

その中でも対面の講座で大人気なのが、この野草料理の講座です。

ただ、だんだんわかってくるとは思うのですが、私たちの講座はちょっと普通の野草料理教室とは違っています。

たとえば、『野草のおひたし作ります』『野草のなになに作ります』っていうような感じではないのです」

薬効で選ばない！ ゆる魔女的野草との向き合い方～心の準備体操～

小釣

「まず、私たちは薬効は大事にしていません。

薬効重視ではないので、『この野草は○○に効きます』とか、そういった観念で野草を扱ってはいないのです。

もっともっと野草に寄り添った、もっともっと広い捉え方をしているんです。みなさんが思っている以上に野草は大きな力を持っています。

そこにいかにして寄り添っていくかということを私たちは大切にしているのです。

勉強して得られる知識として、たとえばこのヨモギ（テーブルに並んだ野草からヨモギを手に取る）、ヨモギって血をきれいにしてくれて、頭痛や、女性であれば、生理痛の緩和などにも効果がある野草として知られています。

もし、その知識があれば、普通なら、頭痛いなと思った時は、じゃあヨモギ使おうってなりますよね。

でも、その薬効重視の使い方よりも、もっともっと絶えず働いてる別の力が存在することをみなさんには知ってほしいいし、むしろそっちの力のほうが大きいことを感じてほしい。

そして、私たちは、その大きな力の働きを使っていきたいですし、その力をもっと広げていきたいとも思っています。

『このヨモギが持っている力は薬効の力だけではない』、私たちはそういう風に野草を使っています。

そういった点で、きっと普通の野草の講座や野草の料理教室とはちょっと違うと思います。

では、具体的にどう使っていくのかというと、ここにいろんな野草が並んでいますね。（受講者の目の前のテーブルに様々な野草が並んでいる）

この中から、目の合った野草を選んで手に取っていくということをみんなでやっていきます。

こんな風にして、自分に合う野草の見つけ方というのを提案しているのには理由があります。

それは、『自分に合うものは自分で見つけられる』ということが前提だからです。

野生の動物もそうですけれど、今の体調や今の状態に合うものを自然界では自然のまま受け取っている。人間だって本来そうだった。

そういう、もともと人間も持っている本能や感覚を使うこと。

それを体感できるのが、この、目が合った野草を摑むという行為なんです。

草に触れて、ちょっと今日は子どもの頃を思い出してもらって、おままごとチックに野草料理を始めていきますよ。


普段は名古屋で野草摘みなどのフィールドワークを伴った料理教室を開催しているんです。

ただ、今日はいつもとは形式を変えて、みなさんの目の前で料理を作って、質問やトークを交えながら仕上げて、できたての料理をその場で食べていただこうという企画です。

ここで講師をご紹介します。

普段、料理教室を担当してもらっている野草マイスターと発酵錬菌術マイスターの認定講師の儀賀玲子さんです」

儀賀

「はい、儀賀玲子です。

名古屋で、野草マイスターと発酵錬菌術マイスターの対面の講座の講師をしてます。

私が野草を取り入れるようになったのは、ある時、知り合いから『玲子に合う人がいるから紹介するわ』と言われ、（小釣はるよさんを）紹介してもらったことがきっかけなんです（笑）。

それまで野草、草なんて食べられるとも思っていなかったですし、好き嫌いもすごく多かったから、草を食べるなんて考えられないって思ってたんですね。

でも、なぜかその時は決心できたんです。

ちょうど小さい時からの自分のアトピー性皮膚炎のことがあったり、生まれた子どももアトピー体質であることがわかった頃だったりしたこともあって、なんとか薬ではない方法で治したいという気持ちが高まっていた時期だったんです。

そんな時に飛び込んできた野草の情報に、なぜか『絶対草でアトピーが治る』と納得できたし、そう思えたんですね。

あんなに草なんて絶対食べられないと思っていたのに、そこからどっぷりとはまっていくんです。

結果として、私は花粉症もあって、すごく重度で花粉の飛ぶ時期になると、薬を飲んでも治まらずに1週間くらいは寝込む感じだったのが、今は薬も使わずに、症状もほぼ出ずに過ごせるようになっています。

子どもも当時、全身に湿疹があって、掻き壊して体液も出てしまうような状態だったんですけれど、そんなのがウソだったかのようにきれいになって、今では、草をばりばり食べるようになってます」

小釣

「こういう個人的な症状の話も含めて、講座形式だと言いたいこと、聞きたいことが浮かんでもなかなかその場で発言や質問がしにくいじゃないですか。

私もそうだったからわかるんですけれど、後から、言えなかった、聞けなかったということがないように、思ったことを浮かんだタイミングで出していただけるような空気づくりをしていきたいなと思っております。

そういった空気づくりのためにも、いきなりですが、みなさんが今日来てくださった理由を私たちは知りたいなと思うんです。

あとは、この講座でどんなことを知りたいかも教えてください」

儀賀

「名前、住んでる場所、参加したきっかけもお願いします」

小釣

「私たちのお料理の講座には珍しく男性が参加してくださってますね。

自己紹介をお願いできますか？」

――自己紹介が始まる――

受講者Hさん（男性）

「福島県から来ました。講座に申し込んだのは昨日の朝です。

　自分の健康のために興味があったのと、野草っていうのはなんだかすごいエネルギーを持っているんじゃないかな、それを自分の身体に取り入れるときっといいんじゃないかなと思っていた時、講座の情報を見かけて、たまたま見ていたＴＶにも野草エキスのことが流れていたので、これは縁だなと思って申し込みました。

　うちの庭にもドクダミなどがたくさん生えていて、すごいエネルギーの宝庫だなと、活用できたらいいなと思い、参加しています。よろしくお願いします」

受講者Tさん（男性）

「千葉県K市から来ました。参加のきっかけは前回こちらで開催されていた野草味噌作りの講座※に参加させていただいて、その前は玲子先生のセミナーに2回ばかり参加させていただいてまして、それで、すっかり野草に惚れ込んでしまいました。

　最近では松ジュースも毎日飲んでますし、朝昼晩で飲むスープには野菜以外に野草も取り入れるようになりました。

ここに至ったのには、私が大病したことが理由ですが、今後も上手く野草を使っていきたいなと思ったのと、こういう縁もなかなか機会がなければ得られないかと思ったので参加しました。よろしくお願いします」
※2018年にヒカルランドパークにて開催された【松の底力講座！＋野草のお味噌作り体験！】セミナー。詳しくは『野草を宝物に「えっ!? 松って飲めるんですか？」』（ヒカルランド刊）をご覧ください。

受講者Kさん（女性）

「東京都K市から来ました。育ったのは山口県で、子どもの頃から野草には親しんでいました。

子どもの時っておままごとなんかで草を食べるふりをするじゃないですか、そうやって遊びの中で色々な野草の名前を覚えていったりもしました。

その後、東京に移り住んだのですが、自分の家の庭が芝生だったんですけど、たくさん雑草が生えてきてしまって、最初は無心でというか、『憎き雑草め』という感じで抜いてたところ、ある時ふと、なんで種を蒔いてもいないのにこの雑草たちはこんなに生えてくるんだろう。すごく強いな、抜いても抜いても生えてくるし……と関心を持つようになっていたんです。

そうしたらいつしかうちの庭は雑草だらけに……（笑）。

この雑草何かにならないかなと思ったのが受講のきっかけのひとつです。

あとは以前のお味噌づくり講座のことも知っていて気になっていたんですけれど、その時ちょうど用事があったので今回こそと思って参加しました。

ぜひ、家の庭の雑草を食べられるようになれればと思います。

よろしくお願いします」

受講者Tさん（女性）

「千葉県K市から参りました。

参加のきっかけは、ヒカルランドさんのメルマガでの紹介です。

前回こちら（ＩＴＴＥＲＵ　ＣＯＦＦＥＥ）でコーヒー豆を自分で煎って自分で淹れるという会にも参加しまして、ここに来るのは2回目です。

自分が大病した経験から、アロマテラピーですとか、もともと植物にはすごく興味があり、東洋医学にも興味があって、薬膳教室にも2年ほど前から通っています。

その辺に生えている雑草が、実はすごく身体にいいということは知っているのですけれど、実際に近所で銀杏を拾ってみるだとか、カラスノエンドウを取ってくるというのは、自動車の排気ガスの影響だとかが心配で本当に食べて大丈夫なのかな？　とかそういう思いがついて回ってしまいます。

野草仲間と話していても、『つくしが生えているけど、生えている場所を見たら、そこは犬の散歩道みたいだし腐り方も不安だしどうしよう』とかそういう感じで、野草をどう安全に自分の生活に取り入れるかというのを以前から模索していました。

それでも、絶対に野草は私たちの味方であるのは間違いないと確信していますし、見つけて、抜いて食べられたら本当にいいなと思っています。

いいところをたくさんの方に紹介したいな、パワーをもらいたいなと思って参加に至りました。よろしくお願いします」

受講者Mさん（女性）

「千葉県C市から参りました。

出身はもっとずっと田舎のほうで自然に囲まれて育ちました。

家の周りに生えてるドクダミとかは住んでる人の身体にいいから生えてくる、お茶にしたりするといいんですよと聞いたりして育ったので、草と呼ばれているものって他にはどんなものがどんな風に食べられるんだろうと興味津々で来ました。

ただ、撮影（※）が入ると聞いてちょっと躊躇して、でも行かないと後悔するなと意を決して来ました（笑）」

※本書制作のための撮影

受講者Sさん（女性）

「広島から来ました。

今この目の前にあるような野草にまみれて育ったような小学生時代を過ごしましたが、最近では、そういった環境から離れた生活をしていたので、今とても懐かしく、ワクワクしています」

小釣

「みなさん自己紹介ありがとうございました。

さて、始めましょうか。

だいたい野草の料理だと、まずは、あく抜きをして、下処理をしてから調理っていう風に思われていると思うのですけど、私たちはそういった、いわゆる普通と思われることをしないんです。

何かしらの健康法を学ばれている方からすると『えっいいの？』と思うようなことが、これから料理が始まるにつれ、きっとたくさん出てくるはずです。


私たちのそういった一風変わった野草との関わり方には意味があります。

人というのは、一旦、外からの知識を自分の中に入れると、それに伴った行動を取るようになる性質がある。

そうなると、どうしてもそこ（＝現在常識とされていること）の周波数と合ってしまう。

すると、そういう人の前では、野草の働きもその知識の範囲でしか力を発揮できなくなるんです。

そういう感覚的なことを大事にしています。

だからこそ、何にも偏見を持たなかった頃のように、より子どもチックに野草を扱っていくということが大切なのです」

当日並べられた野草

野草の魔法を使うためには〜『自分に合うものは自分で選べる』を極める〜

儀賀

「じゃあ、さっそく始めましょう。
まず、みなさん、この並んだ野草の中から好きな野草を一本ずつ選んでくださ
い」

——参加者が迷いながら野草を選ぶ——

儀賀

「目が合った草をどうぞ摑んでください。
選べたら、小さめのサイズの方はここへ（ポットを差し出す）入れてください。
長め、大きめの方はちょっとカットしましょう。私も気になってる野草を入れま
すね」

ポットに野草を入れていく

――参加者、講師、それぞれの選んだ野草がポットに入れられていく――

小釣

「ガラスのポットですからね、見映えも大事ですね（笑）。

これが今からフレッシュハーブティー（レシピP50参照）になるんですけど、とっても簡単なことに、摘んであとはポットにお湯を注ぐだけ！

簡単ですけど、一度知ると、その後もすごく使えるノウハウなんです。

たとえば、ふと、フレッシュハーブティー飲みたいなと思っても、『作りたいけど、このハーブが手に入らないとフレッシュハーブティーとして成立しない、できない』って思ってやめちゃう。

それってすごくもったいないんです。

だって、このフレッシュハーブティーは、自分と目が合う野草を摘んで、お湯を注げばできちゃう。

専用の茶葉やハーブを買う必要もないです。

さらに、自分がもし、ちょっと頭が痛いとなった時、その時に摘んだものを飲むと〝頭が痛い〟っていう周波数に共鳴したものを選んでいることになるので、薬となるんです。

これこそ私たちが理想とする野草の使い方で、私たちは実際そういう風に野草を使っているんです。

頭痛に効くとされる野草を選ぶのではなくて、〝今の自分〟に合うものをこちら（自分）が選ぶというスタンスなんです」

――フレッシュハーブティーを蒸らしている――

小鈎

「簡単なんですけど、これがすごくおいしいんですよね。

ただ、ハーブみたいにいい香りが立つかというと、そこまでではないんですが、味は自分たちで選んでるだけあって飲みやすいんです。

大勢で集まった時に、いくつかグループを作って、違うグループが作ったものと飲み比べるのも楽しいんですよ。

面白いことに、自分が選んだ野草と他の人が選んだ野草を組み合わせることで味がまろやかなお茶になったりもします」

儀賀
「抽出時間でも味が変わりますし、固い葉や固い茎の野草を使った場合は風味が出るのに少し時間がかかります」

受講者
「野草についた土って洗わなくていいんですか？」

小釣
「今日用意しているものは都会で採れたものではなく、山で採れたもので、一晩水につけてあったので、きれいな状態ですが、摘んできて洗わず使うこともあります。なぜかというと、常在菌を大事にしているからなんです。

それでも一番大切なのは心地よさなので、汚れが気になる場合は、そっち（汚れ）に意識が向いてしまうので、洗うことをおすすめしています。

人によって汚いという感覚は違うと思うのですが、土がついていたらさすがに洗いますよ。

臨機応変にお願いします。

この辺のことが、伝えるのにちょっと難しい部分でもあるんですけどね。


私は普段、野草と会話しながら摘むんですけれど、その時に野草が『上と下って誰が決めたんやろうな』って言ってきたんです。

野草を摘むという行為は下に生えてるものを摘むということですが、小さい頃、母に『下に落ちてるもの食べちゃいかんよ』と言われて育ってきたので、そうか、これも下にあるものなんだよなと思いながら摘んだことがあります。

でも野草からすれば上も下もないんですよね。

何が言いたいかというと、私たちがいかに、普段、観念や壁を作って野草に接しているかっていうことなんです。

草はいつもそんな風に教えてくれます」

――受講者が話を聞きながらハーブティーを飲んで、感想を言い合っている――

小釣
「フレッシュハーブティーは見た目もかわいいですよね。

いつもは、ただの草扱いされている存在なんですけどね（笑）。

質問があればその場で聞いてくださいね。

野草に関わっていると、よく、犬のおしっこやフンは気にならないですか？　って聞かれるんですが、みなさんもそのあたり気になりますよね？

ぶっちゃけていうと、草たちにも常在菌っていうのがあって、犬のおしっこ、フンがかかることもあるんですけど、雨にも流されながらでもちゃんとその常在菌によって草たちは守られてます。

だから、草たちからすると、私たちが気にするほどではないんです。

彼らは『そんなに弱くないよ』って言ってきます」

儀賀
「今日のフレッシュハーブティーにはティーツリーやローズマリーも入っています

ね。

どちらもうちの庭から摘んできたものですが、ちょうどいいアクセントになっているので摘んできて良かったです」


――受講者たちからの質問に答えていく二人――

小釣
「本とかそういうものがなかった頃、昔の人は、自分で実際に試しながら自分の身体に合うものについての知恵をつけていくっていうことを自然にやっていたんですよね。

そして、その知恵を子孫に受け継いでいったんです。

私たちが今やっていることは、遺伝子に組み込まれている彼ら祖先から受け継がれた知恵をもう一回思い出すような作業ですね。

今の私たちは、普段そういった（自分の身体に合うものを自分で決める）感覚を使わない生活を送っているので、彼らからの知恵をよみがえらせる感覚を持って野草と接すれば、より幅広い使い方をしていけます。

じゃあそろそろ、お料理していきましょうか」

儀賀

「はい、では、お腹の空いている方もいらっしゃるかと思うので、先に昨日作った草のカレー、ジェノベーゼ（レシピＰ10、Ｐ12参照）を味見していただきましょう。どちらも今、みなさんの目の前に並んでいる野草と同じものを使って作っています。

両方あく抜きせず調理していて、カレーは火が通っていますが、ジェノベーゼは火を通さず作っています。

パンにつけてどうぞ」

――みんなで試食が始まり、参加者の感想や質問に二人が答えていく――

小釣

「さっきのハーブティーもご自由にどうぞ。

今日は野草三昧ですよ。

カレーの味見中の様子

そうそう、ジェノベーゼは本当はバジルで作るんですよね？」

儀賀
「そうなんです。

本当はバジルと松の実、オリーブオイルと塩、ニンニクをミキサーにかけて作るものです。

でも、全部を買って作るとなると、ちょっと金額が高くなっちゃうんですよね。

こちらのジェノベーゼは松の実ではなくて、ミックスナッツを使っているんです」

小釣
「ミックスナッツじゃなくても、クルミでもアーモンドでもなんでもいいんですよ。
野草は好きなものを入れるんです。
感覚を掴んだらどんな料理にも応用できる野草の選び方をこれから調理しながらお伝えしていきますね」

儀賀
「では、今日のメニューを発表します。
今日はミートソースのパスタ、麻婆豆腐、枯れ葉を使った野草ご飯、野草つくね、ガトーショコラ、松ゼリーです。
早速始めましょう」

薬か毒か?! 驚きの体感テスト ～野草の選び方、答え合わせ～

儀賀
「草を選んでみましょうか。
その後、選んだ草を使って体感テストをします。
自分が選んだ草が本当に自分に一番合っているっていうことを体感していただくためのテストですよ。

まず、目が合ったと感じた野草をみなさんパッと取ってください」

小釣
「選べたらちょっと（ちぎって）小さくなるようにして、一旦テーブルに置いておいてください。

では二人一組になりましょう」

――各自が野草を持って二人一組の体感テストが始まる――

小釣
「一人が手を後ろに組んで、もう一人は組んだ手にグーにしたこぶしで体重をかけます。交代交代でやってみましょう」

――B役にこぶしで押されたA役がバランスを崩す――

小釣

① 一人が腰のあたりで手を組む

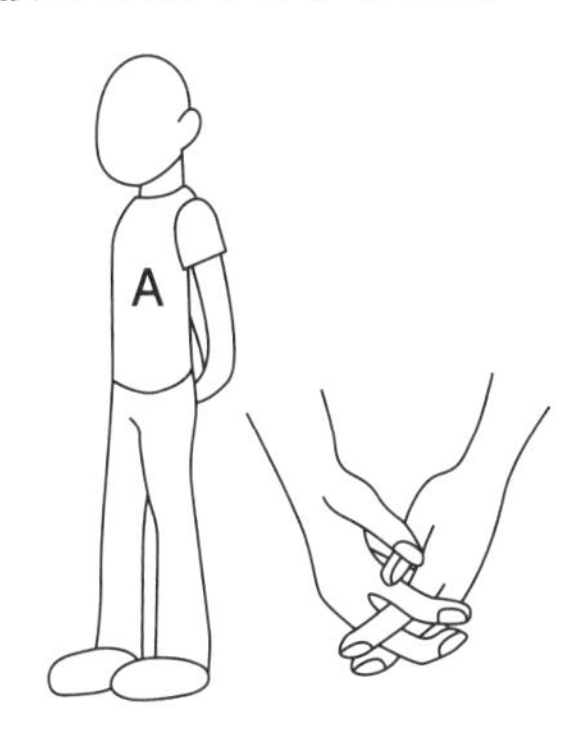

② もう一人（B）がグーに握った手で、
相手（A）の組んだ手を上から押す

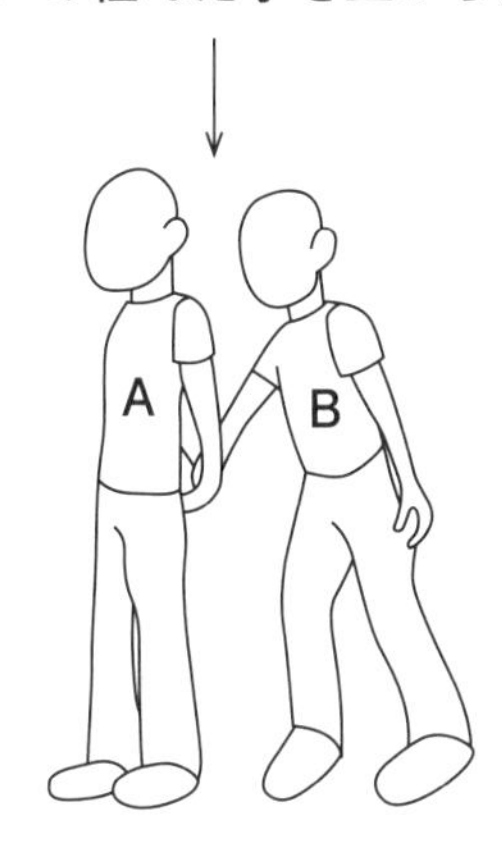

「この時の感覚をお互い覚えていましょうね。
そうしたら、今度は手を後ろに組んでいた人が、先ほど選んでいただいた草を身に着けてください。
ポケットに入れたりして身に着けてください」

――ペアでA役だけ野草を身に着けた状態で前ページ図②の工程を試す――

小釣
「はい、では相手の組んでいる手にグーで体重をかけてみてください」

――先程よろめいていたA役がびくともしない――

受講者たち
「うっそー！」
「えーっ！　マジですか？　すごい！」

――全員体感テストを終える――

小釣

「やらせなしですよ（笑）。

今、身に着けていただいていたのは、こんなに小さい葉ですよね？

一回目、何も身に着けていない時は、押された時、よろけていたのがウソのようにみなさん力強く立っていましたよ。

この体験で感じてほしいのは、自分と目の合ったものを大きさや雑草だからっていうことにとらわれず大事にしてほしいということなんですね。

この体験で得た気持ちを大事に料理に使う野草も選んでいきますよ」

儀賀

「ではみなさんいいですか？　十分体験していただけましたね。

今、みなさんの目の前にある野草からミートソース（レシピP54参照）と麻婆豆腐（レシピP56参照）に使う野草を選んでいくんですけど、選ぶ際に、おんなじ野草を手に取るにしても、ミートソースに使うなら『あなたはミートソースになるのよ』という風に、麻婆豆腐を作るなら、『あなたは今から麻婆豆腐になるのよ』という風に野草に言葉や心で話しかけてください。

実は、メニューが変わっても、使う野草はだいたい同じになることが多いです。でも、そうやって声をかけるようにして選ぶと野草はその気になってくれるんです。

コツはこれだけ！

本来なら私はお料理が上手な訳ではないんです。それなのに作った料理の評判がいいのは、そういう風にして普段から草を摘んでいるからなんです。

ハンバーグだとか普通の手の込んだお料理を作るならみなさんのほうが上手だと思います。

じゃあ、先にミートソースを作っていくので、みなさんも『ミートソースに入れますよ』とかご自分の言葉で語りかけるように草を選んでこっちのボウルに入れてください」

――受講者、スタッフで野草を選んでボウルに入れていく――

儀賀
「みなさん選んでいただけましたか？
私も足していきますね。
カタバミも入れようかな」

スタッフ
「今日の野草は、伊勢、鈴鹿、川崎のコラボですね」
（この企画のために、講師、スタッフがそれぞれの地元から摘んできたため）

小針
「カタバミで思い出したんですけど、野草マイスターの中でも話題になるんですが、
講座では『毒草は使って大丈夫なの？』と聞かれることがよくあるんです。
先ほど体感テストしましたよね？

私たちはあれを野草摘みのフィールドワークの時にも取り入れているんですが、その時に知らずに毒草を摘んで体感テストに臨む方もいるんです。

そうするとどうなるかというと、毒草もちゃんと選んだその人に力を与えるんです。

さっきのカタバミもシュウ酸が入っていますから、本によっては毒草の仲間に分類されているんですよね。

これね、人によって毒の観念って少しずつ違うんですよ。

薬のルーツを辿ると、薬も実は毒からできていたりするんです。

そういう意味で毒草と薬草の境目はすごく難しいところなんですよね。

だから、伝え方が難しいんですけど、私たちは、毒草を毒と思って使ってはいないんです。

どういうことかというと、野草の持つ働きとしては同じでも、人にとって良く働くか悪く働いてしまうか、それを決めているのは人間という考え方なんです。

これは発酵にも言えることで、悪玉も善玉も同じ働きなのだけど、人にとってどうなのかというジャッジというのは、私たちそれぞれの日常の中で、いろんな情報や知識、思い込みや経験を元に出来上がっているんです。
毒の概念をちょっと非常識と思われるような捉え方をしているかもしれないので
すが、個人的には、多少の毒もたまには必要と思っているんです。
『良い悪いではない』というのを私は野草からものすごく教えてもらっているんで
すね。
そういった観念でとらえた時、日常によくある、嫌な経験も後になってはいい思
い出だったと思えること、あの感覚と同じですよね。
たとえば、ある人が草を口にして、下痢を起こしてしまったとします。
でも、それが好転反応なのか中毒症状なのかの判断は微妙なところなんです。
そういう場合、そもそもその要素がその人にとって必要だったという感じで私は
とらえています。
かといってトリカブトなどを私が取るかというと、そうそう取らないです。
そもそもトリカブトはそこら辺に生えているものでもないです。
特に伝えたいのは、野草摘みを始めたばかりの最初の頃は、絶対に使って大丈夫

っていう安心感がもてるものしか使わないでほしいということです。

なんでそう言うかというと、私が自分の身体を使って実験しているからなんです。

過去に、結構な量の毒草をミキサーでジュースにして3～4杯飲んだことがあるんです。

そうしたらさすがに嘔吐と下痢、それから少し意識がもうろうとしてしまったんですよ」

受講者たち
「えぇー‼」

儀賀
「そろそろちょっとだけ料理の説明もいいですか？

今、玉ねぎのみじん切りを炒めていて、そこに刻んだ野草を入れていくところで、そろそろ野草がしんなりしてくるので、そこにトマト缶を入れていきますよ。

みなさんよかったら近づいて見てみてくださいね。

今日使っている塩は野草塩で、野草を乾燥させて、粉末にして塩を合わせて作っ

野草塩

たものですよ」

小釣
「野草塩は何にかけてもおいしい。
野草って栄養素がすごくいっぱいあって、野菜の何十倍ともいわれていて、何百倍のエネルギーがある。
野草塩にはうまみが凝縮しています」

受講者
「さっきの先生のお話に出てきた毒草ってなんの毒草だったんですか?」

小釣
「ハマゴボウです。
葉は明日葉に似ていて、花は紫色でちょっと毒々しいかな。
それを飲んで、ちょっと意識が持っていかれそうになったんです」

儀賀
「じゃあ次は麻婆豆腐に取り掛かりましょう。
またボウルに麻婆豆腐に入れる野草を入れていってください」

——受講者が野草を選んでいく——

受講者
「麻婆行き、虫なーし（笑）」

儀賀
「はい、いいですねー（笑）。
麻婆豆腐に合うのはね、今日は用意がないんですけど、実はドクダミです。
いい味出してくれるんですよ」

小釣
「麻婆は結構クセの強い野草を選ぶのがコツですよね。

私は選ぶ時、目が合った野草を摘んでそのまま食べてみるんです。
そうやって味をみて、これとこれが合うなとか、苦さのあるのもちょっといいなとか、感じながら摘んでいます。

これもコツなんですが、3種類は合わせたほうが味が良くなりますよ。
フレッシュハーブティーの時もそうですが、味は3種類以上がやっぱりおいしくなります。
たとえば、カラスノエンドウとかマメ科のものとヨモギを合わせると味が喧嘩するんですけど、あともう一種類入れると馴染んで味のバランスが調うんです」

儀賀
「今、ミートソースも並行して作ってます。
肉の色が変わって火が通ったら混ぜてトマト缶を加えて煮込みます」

受講者
「(麻婆豆腐用の野草を見て)えっ! それカキドオシですか?

様々な野草

こんな大きいのは初めて見ました」

儀賀

「そうです。こっちはツボクサ。それからセリ、ハコベ、春の七草ですね」

スタッフ

「ユキノシタもありますね。かわいいですよね」

儀賀

「みなさんは松の葉のフレッシュジュースは飲んだことありますか？
今日もご用意していますよ。
フレッシュな松の葉をミキサーにかけて、濾したものです」

受講者

「ないです！　そのジュース、だいたい松の葉は何本くらい入ってるんですか？」

松ジュースを注ぐところ

儀賀
「ここに用意しているのは濃いめに作っていますが、だいたい松葉5gに対して、450㎖のお水で作ったものは誰にでも飲みやすいです」

小釣
「松ジュース愛飲者のびっくりするような体験談もいっぱいあるんですよ」

儀賀
「今日はせっかくなので、料理に使う水分は松ジュースにします。（レシピでは水と表記しています）
では、そろそろミートソースの味付けをしますね。
使うのは味噌、こちらの野草味噌を使います」

——受講者が松ジュースを飲んでいる——

受講者

「松ジュースは、ちょっと青臭い味ですね」

小釣
「今日用意しているのは料理用ということもあってだいぶ濃いめです。
倍の水で作るともっと飲みやすいですよ。
口に松やにが残る感じですよね」

儀賀
「松の種類によっても味は変わるんですよね。
では、同時進行なので、次は麻婆豆腐も作っていきますね。
野草は面倒くさくない程度に刻んでくださいね。
この段階でお肉も入れていきます」

小釣
「結構斬新な調理方法ですよね。
全部鍋の中で合わせて、豆腐を載せてから火にかけますからね。

火にかける前に材料を合わせてしまう

本当に簡単にできるっていうのがやっぱり続けやすいし、いいですよね」

儀賀
「味付けに使う野草味噌もよかったら味見してみませんか？
どうぞ。仕込んで半年くらいの味噌ですよ」

小釣
「野草が入ることでね、半年物でもこんなに熟成された味わいになるんですよ」

――受講者が野草味噌を手に取り、味見をしていく――

スタッフ
「なんで麻婆豆腐は火にかける前に全部を合わせてしまうんですか？」

儀賀
「油や肉がはねたりするの嫌じゃないですか、蓋して温めて完成っていうのが楽ですよね。
では、火にかけますよ。
中火でしばらくこのままです。ぐつぐつしてきたら弱火ですね。
10〜15分でできますよ」

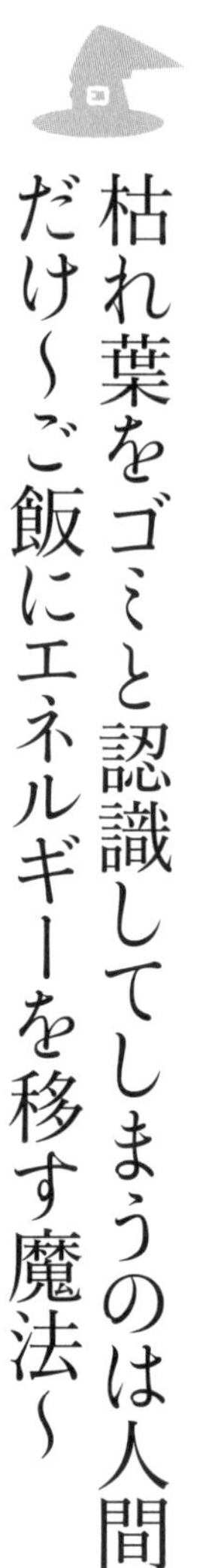

枯れ葉をゴミと認識してしまうのは人間だけ〜ご飯にエネルギーを移す魔法〜

儀賀
「次に野草ご飯（レシピP52参照）も作っていきましょうか。
今日は枯れ葉を使いますよ。
お米はもう研いであるので、お米の量に合わせた水を注いで、枯れ葉を入れます。
これは枯れた笹の葉です」

小釣

「枯れ葉の役割っていうのは、土に還ることですよね。枯れ葉のその還元のエネルギーをいただくことができるご飯です」

受講生
「なんで枯れ葉を使おうと思われたんですか？」

小釣
「枯れ葉が呼びかけてきたんですよ。

私たちは緑のものしか草じゃないって思っているじゃないですか。

でも、秋口に野草摘みをした時に、草がないなぁーと思っていたら『そんなことないよ！』って。

えっ?! と思ったんですけど、その途端、こういう枯れ葉やベージュになったイネ科の草が目に入って、本当だ！ と感動したんです。

そこから枯れ葉のお茶だとか、お出汁にも活用するようになっていったんです。

枯れ葉のお茶って最高においしいんですよ。

私たちが枯れ葉を草じゃない、ゴミだ、と思っているだけなんです」

受講者
「たしかに枯れ葉は自然のお茶っ葉ですね」

小釣
「そうです！　自然に乾燥して、すでに完成されているんです。
こういう枯れ葉をお茶などにして摂ると、人は、決めつけていたもの、固定観念
などがぽろっとその瞬間に落ちる」

儀賀
「はい。じゃあ水を入れて、枯れ葉を入れていきますよ」

小釣
「入れる枯れ葉の量はだいたいでいいんですよ。
量が少なくても、エネルギーを入れるっていう役割をしてくれます。
でもこれ、事情を知らない人が見ると『えっ！　ゴミ入れてる！』ってなるんで

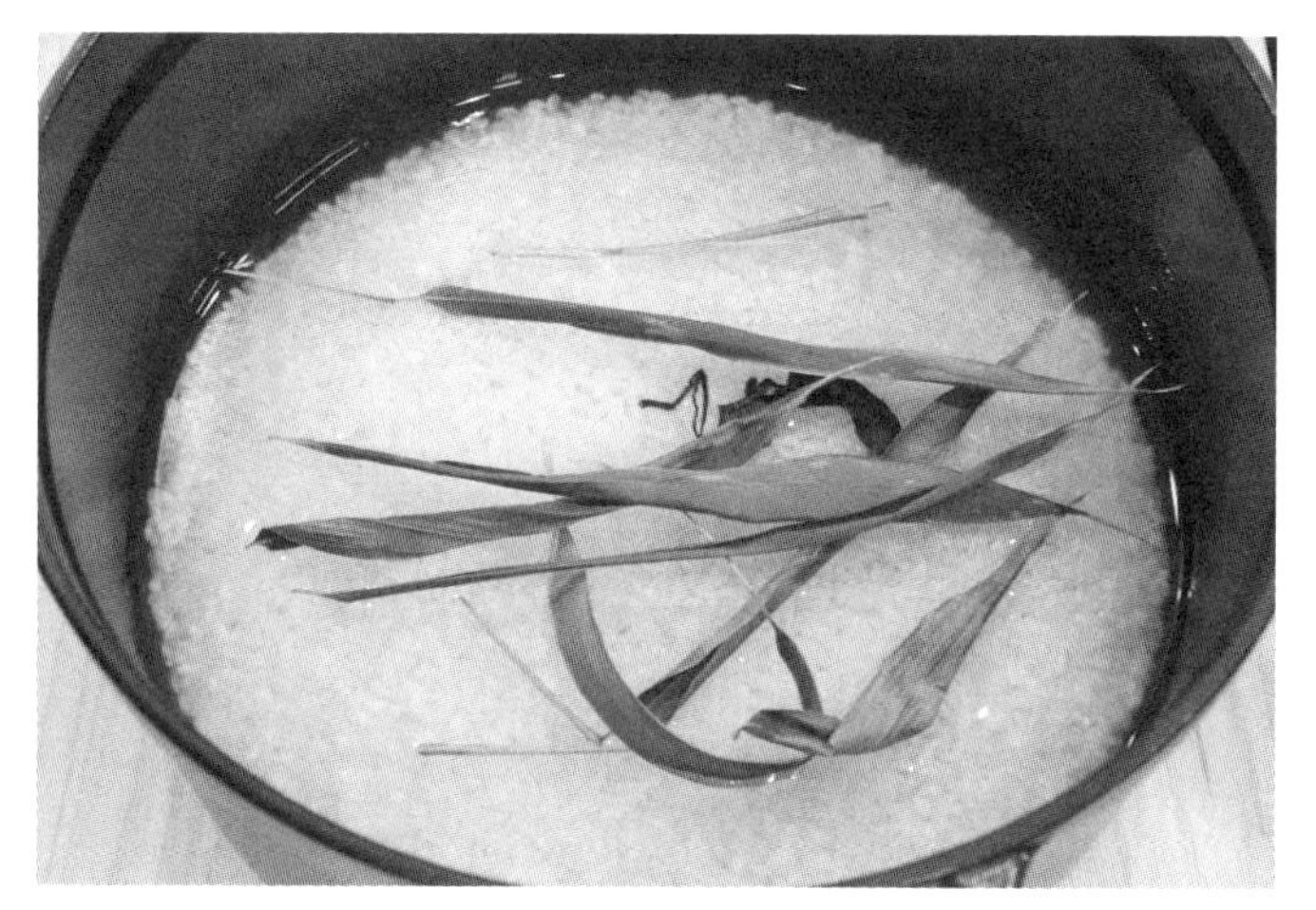

炊く前の枯れ葉ごはん

すよね。だって普通、衛生的に危ないと思いますよね。
ただ、この枯れ葉は死んでいるわけではないんです。
微生物が生きていますし。
だけど、もしどうしてもこの葉がゴミに見える場合は入れないでくださいね（笑）
気になる場合はやめましょうね」

受講者
「自分が良くても、家族がなんて思うかなぁ～……」

小釣
「そういう場合は、まずは枯れ葉のお茶を出してあげるのがいいかもしれません。
おいしいって言ってもらえたら徐々に取り入れたらいいんです」

儀賀
「次、ガトーショコラ（レシピP60参照）いきましょう！
はいっ！　ガトーショコラになってほしい草を選んでください。

スタッフの方もどうぞ～」

受講者
「ちょっと調理用には固いかな？　やわらかい葉の部分にしようかな」

スタッフ
「さっきからユキノシタ探してるんだけどなぁ～。
料理になりたくないのかな（笑）」

儀賀
「今のところスパイシーになりそうな種類の野草が選ばれてますね～」

小釣
「このガトーショコラには黒ごまが使われています。
このレシピを考案したスタッフがココアパウダーが高かったので代わりに黒すりごまを使ったんですよ。

そうしたらすっごく香ばしくておいしいのができて。
そうやって完成したレシピです」

受講者
「使ってる油はなんですか?」

儀賀
「調理用ならなんでもいいですよ。
おすすめは菜種油とかコメ油とか、太白ごま油とかですね。
卵も入れて、混ざったら電子レンジにかけます。
500Wで4分半、600Wなら4分がちょうどよいです」

受講者
「今日の野草料理は刻んで使っているレシピが多いですが、他の料理も刻むのが主な調理方法ですか?」

儀賀
「今日のは、ほとんどがそうですが、ちぎって使うこともあります。
そろそろ全体の料理を仕上げていきますよ」

受講者
「やらないほうがいいのはわかるんですけど、野草を冷凍保存するっていうのは、
どうでしょうか」

小釣
「私もやってみたことあります。
もし冷凍するなら刻んでから冷凍するのが使いやすくていいと思いますよ」

儀賀
「ミートソースが出来上がりました。シャッターチャンスですよ（笑）。
みなさんがミートソースになれ！　と思って選んだ野草はちゃんとミートソース
に仕上がってますよ」

受講者
「わぁー鮮やかですね」

儀賀
「では、この固いのは取り除きますね（ミートソースの中の茎を取り除く）」

小釣
「この茎を使ったのは、エネルギーを閉じ込めたかったからなので、もう取っても大丈夫なんです」

儀賀
「こっちでは麻婆豆腐もぐつぐつといい感じになってきてますよ。
ミートソースと同じような草を選んで作りましたが、全然違う香りですね。
ここで野草ご飯も火にかけます（料理教室時は鍋で炊いています）」

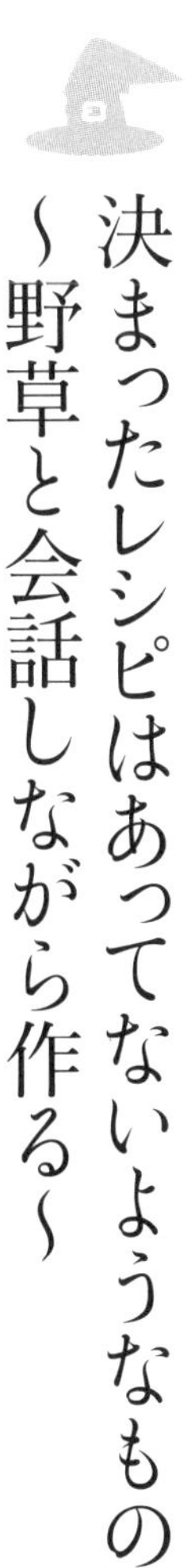

決まったレシピはあってないようなもの ～野草と会話しながら作る～

受講者

「麻婆豆腐は、豆腐を切らずに丸ごと入れちゃうんですね。

やっぱり斬新（笑）。

見てるだけですけど、調理が簡単すぎるくらいですね」

儀賀

「そうなんですよ。

麻婆豆腐は風味を足したい方はごま油を入れてもいいですよ。

では、つくね（レシピP58参照）も作りますので、もう一度野草を選んでみてください。

さっきと同じ要領で野草を刻んでいきますよ。

でも、つくねはちょっと野草の食感も残したいのでザク切りです。

豆腐を入れてもおいしいです。

今日は納豆を入れますよ。

つなぎに、小麦粉もしくは片栗粉と卵も1コ入れます。

コンソメとかは入れず、野草塩だけのシンプルな味付けにします。

私、普段家で作る時は、肉を切るのも手間なのでお豆腐と、切ってないお肉と、野草をフードプロセッサーにぐあーっとかけてから納豆か大豆（水で戻して煮たもの）を加えて作ります」

小釣
「納豆じゃなくてもいいんですよね？」

儀賀
「納豆じゃなくて、大豆でもいいですし、なかったら入れなくても作れます」

受講者
「納豆を入れるのはどうやってひらめいたんですか？」

小釣
「玲子さんはパスタとか、結構色々な料理に納豆を使ってるんですよね？」

儀賀
「う〜ん……たぶんね、本当はそんなに納豆好きじゃないんですよ。自分が（笑）。

それで食べられるように工夫をしているんです。

実は好き嫌いが本当に多くてお肉も魚も嫌いです。

野菜もこういう料理の仕方は嫌いとか、玉ねぎとか長ねぎ、キノコ類なら今は食べられるようになったけど、シイタケもすっごく嫌いだったたし、しめじも食べられないし、えのきはなんとか食べられるっていうくらい好き嫌いが激しくて、食べられるものがあんまりなかったんですよ。

話は全然変わるんですけど、昨日作ったジェノベーゼソースをさっき完成したミートソースに入れてもおいしいんですよ。

急に入れたいなと思って、入れようかな。

……という具合にいつも料理してます。

こう、なんか来るんですよひらめきが、というか野草が入れてほしそうにしてる感じがね。

でね、話を戻すと、私はお肉も魚も触るのが嫌なんですよ。

においがね……。ただの好き嫌いですけど（笑）」

小釣

「だって昨日もハンバーグのタネ作るの嫌そうにしてたもんね。だから私ちょっとやるわって代わったからね。

でもみなさん、一見愛情こめずに調理してるように見えるけど、ちゃんとおいしく作ってくれますので安心してください（笑）」

儀賀

「うちは中3と中1（撮影当時）の息子がいるんですけど、子どもたちがやっぱりお肉食べたがるんでね、お肉も調理します。

この間初めてビーフシチュー作ったんですけど、めちゃめちゃおいしく作れて私は天才だなって思いました。

ちょっと高級なお店で出てくる味みたいでしたよ」

小釣
「好き嫌いが多い人の料理ってどうなのって思うけど、玲子さんの料理は本当においしいんです」

儀賀
「姉の家でクリスマスパーティーをした時に、そのビーフシチューを持っていったら姪っ子ちゃんに『レストランの味だ、また作ってほしい』って大好評でした」

小釣
「そのビーフシチューって隠し味何入れたの？」

儀賀
「庭の草です」

受講生&スタッフ
「ええー⁉（笑）」

儀賀
「庭の草をね、ローズマリーとかティーツリーとかとブーケガルニみたいにして、鍋に入れたんです。

……と、話しているうちにつくねのタネがいい感じに混ざったのでフライパンで焼いていきましょう。

納豆を入れるとやっぱり粘り気が出てタネがまとまりやすいですね。

あとは、もずくもよく同じように使います。

実はわかめとか昆布も嫌いなんですけど、もずくなら食べられるんですよね。

やっぱり海藻もにおいがね」

小釣
「基準難しいなぁ。
それなのによく野草料理しようと思ったよね」

儀賀
「草が導いてくれたんでしょうね（笑）。

じゃあ、焼いていきますよ。

スプーンですくって簡単に成形しながら焼きます。

子どもたちってファストフードのナゲットとか好きじゃないですか？

でもこれ、『マッ〇ナゲットよりうまい。こっちのほうがおいしいやん』って言ってくれたレシピです。

豆腐の量も様子見で分量変えてもらって大丈夫ですよ。

あんまりべちゃべちゃでない限り、焼けばなんとか形になりますから」

スタッフ
「野草を選ぶ時って作る料理のことを思いながら選ぶ他に、作ってあげたい人のことを思って選ぶことってありますか？」

儀賀

「両方ありますよ。
誰に向けて作るかっていうのも草を選ぶ時のきっかけになります」

小釣
「さっきの話のビーフシチューってあと何入れたの？
市販のルー入れたの？」

儀賀
「ルーは入れてない。
ビーフはもちろん入れましたよ！」

受講者
「ケチャップ？　赤ワインとか入れたんですか？」

儀賀
「えぇと、ケチャップは私、苦手なので入れてないです。

手作りした野草酵素が赤ワインの代わりになってくれたの、煮崩れた玉ねぎとか野菜がとろみになってくれたかな」

小釣「私たちの料理っていつもこんな感じでレシピはあってないような感じなんですよね（笑）」

――煮込んでいる間、雑談タイム――

儀賀「今日使った野草の余りはよかったらお持ち帰りにどうぞ。笹もお茶にするとおいしいですよ」

――受講者のみなさんが野草のことを質問しながら自分で野草を選んでいく――

スタッフ

炊けた枯れ葉ごはん

「すごい！　草争奪戦ですね（笑）。野草が宝に見えてきましたもんね」

儀賀

「みなさん選んでくださいましたか？

野草ご飯が炊けたので蓋を開けますよ。

すごくいい香り！　笹のいい香りに炊けましたぁ！」

スタッフ

「枯れ葉もいい感じにエキスが出てるね。ちまきの笹みたい」

小釣

「あんなに枯れ枯れだったのになんか葉が蘇ったみたいだね」

儀賀

「じゃあ葉は固いので、全部除いていきますね。

召し上がっていただくので、そろそろ麻婆豆腐を温め直します。

この段階で豆腐を鍋の中で切っていきます。
片栗粉でとろみをつけるなら、それもこのタイミングですね」

――配膳準備が始まる――

足りないものは野草が補ってくれる
～普段使いの魔法のヒント～

小釣
「何か料理のことでもご質問あればどうぞ」

受講者
「おうちではいつも料理に野草を入れているんですか？
常に意識して使っているんですか？」

儀賀

「なんだか野草を入れないと物足りないんです。

野草を入れるとコク、味に奥行きが出るので欠かせないですね。

今日のフレッシュハーブティーを淹れた後のちょっと残った分とかも、お味噌汁の出汁代わりにしていただいたり、調理に使う水の代わりの水分として使ったりするとコクが増しますよ。

それでも残ったらお風呂に入れていただくのもいい使い方ですね。

そんな感じに気構え過ぎず、気軽に使っていただければと思います。

あとはペットボトルのお水にその辺の草をちょっと摘んで一枚入れるっていうのもあります」

小鈎

「それすごくおすすめの野草活用術なんです。

ペットボトルに詰められている水は、振動してない水なんです。

つまり生きてない水。

そこにちょっと草を入れておくと、振動して生きた水になるんです」

儀賀
「では、できたものから並べていくので、さっそく食べましょう！」

――次々に料理が並べられ、食事が始まる――

受講者たち
「おいしいね。癒やされるね」

「エネルギーが入ってくる感じだね」

「質問なのですが、たとえば、エネルギーを入れる目的だけだったら、自分と目が合った葉を料理に一枚入れるだけでもいいんですか？
たとえば、通勤途中でよく枯れた松葉を見つけるんですが、それを一本入れて炊くだけでもいいんでしょうか？」

小釣

「はい、いいんですよ。

しっかり香りをつけたいっていう目的ならたくさん入れたらいいいんですが、エネルギーをということなら一枚とか一本でいいんです。

枯れたものだと酸化してるなんて言われることもあると思うんですが、たとえ酸化していたとしても、松の持っているエネルギーは変わりないんです。

その人の『酸化しているからよくない』っていう観念が入っているからそういう風に見えているだけであって、松からすれば大きなお世話なんですね。

これも、いかに私たちの観念が野草の本来の働きに影響してしまっているかという話に繋がりますね」

受講者

「紅茶や納豆だって化学変化や発酵でできたものだし、最初から毒なんて決めつけられないですよね。

でも、最初に口にした人はすごい勇気だったなと思いますね。

先生みたいな人が試したのかな（笑）」

小釣

「そんな感じでしょうね（笑）。

納豆だってね、においが独特なのによく食べてみようなんて思いましたよね。

私も毒草とされている草を食べるのは最初は怖かったんですよ。

でも面白いもので、普通の牡丹を毒草だと思って食べたことがあって、たった葉っぱ一枚でも当時の私はお腹を下してしまった。

そういう現象を経験したんです。

でも、だんだん草のことがわかってきて『大丈夫』という安心が自分の中でできてからは食べても全然お腹を壊さなくなりました。

プラシーボ効果が働くっていうこともあるんでしょうけど、不思議なものですよね。

もし、ある程度量のある薬草の中に毒草も混ざっていた場合、一緒に身体に入れると毒の成分が効かないように他の薬草が働くっていうこともある。

あとは、自分の生命エネルギーが毒草より強ければ、毒草の毒にも負けないっていうのも体感しています」

――みんなで雑談を交えながら食事が進んでいく――

小釣
「マクロビでいうと、野草は陰とされています。
確かにそうかもしれないですが、でも野草の中にも陰と陽は両方存在しています。
陰陽五行論では、陰極まって陽となるといわれていて、枯れ葉に宿る還元の力のように、陰は陽に転じていくんですね」

受講者
「へぇ～ますます枯れ葉を見る目変わった！」

小釣
「野草のことを知ると、本当にどんどん宝物に見えてくるんですよね。
それには野草のなになにを作ると力むよりは、普段の料理に野草を刻んで入れていくっていう手軽なことからおいしいっていう発見に繋がっていくのが一番いいですよね」

受講者
「野草塩のこと、もうちょっと知りたいです。
野草と合わせるのはなんの塩でもいいんですか？　岩塩とかですか？」

儀賀
「おうちにある塩でいいんですよ。
お手頃な塩でも高級な塩でもどんな塩でもおいしくなります」

小釣
「日本人はね、ミネラル豊富な海の塩がやっぱり身体に合うかな」

――コーヒー＆スイーツタイム――

小釣
「今日はみなさん楽しんでいただけましたか？

みなさんで記念撮影

撮影にもご協力くださってありがとうございました」

儀賀

「最後にコーヒーと一緒にスイーツをどうぞ」

儀賀

「こちらは松ゼリー（レシピP62参照）です。

松ジュースに市販のゼラチンと砂糖などの甘みを入れて固めただけなんです。

寒天でも作れます。

市販のゼラチンのパッケージに載っているジュースでのゼリーの作り方と同じ分量で松ジュースもゼリーにできます。

トッピングには野草餡を載せてますよ。

野草餡は市販のあんこ缶の餡に、野草を湯がいて刻んだものを混ぜています」

小釣

「最後に今日の講座の感想をぜひ聞かせてください」

～感想まとめ～

受講者

「今日いただいたお料理はどれもおいしかったです。

ぜひおうちでも作ってみたいと思います」


「必要なのは直感なんだなと、目が合った野草が呼んでるっていうその感覚が大事なんだと感じられました。

あとは、枯れ葉に対しての見る目が変わりました。

枯れ葉には土に還る力があるというのが腑に落ちました。

ありがとうございました」


「こんなに野草料理がおいしいなんて思ってもみませんでした。

苦いのかなって思っていたんですが、こんなにも味に変化をつけられたりして、すごくおいしかったです。

おうちの野草も食べてみます！」

「私はスナック菓子とかが大好きなんですが、今日をきっかけに食べるものが変わっていくんだろうなという予感がします。

ありがとうございました」

「改めて野草の力をいただいた気がします。

明日、歌舞伎を観に行くんですけど、野草料理でお弁当を作っていこうかと思います」

「野草にはパワーがあるんだなと実感しました。

家の周りには野草がいっぱいあるので、宝物に囲まれていたんだなと気づけました。毎年草むしりが大変だったんですけど、これからは摘んで食べてみます。

毎日発芽玄米を炊いているのですが、笹の葉や笹のエキスを入れたりするといいのかなとひらめきました。

ありがとうございました」

Magic tips おまけ

〜今回使用した野草、ハーブ〜

ツボクサ、カキドオシ、カタバミ
ウシハコベ、ハコベ
ヨメナ、カラシナ
ツユクサ、タンポポ
シロツメクサ、カラスノエンドウ
フキ、母子草、ヤエムグラ
自生したクレソン、ローズマリー、ティーツリー
(これらは1月の寒い時期に摘んだものです)

松のフレッシュジュース

【材料】

- 松の葉　5~8g
- 水　250mℓ

《作り方》

① ハカマ付きの松の葉をハサミなどで短くカットし（ミキサーのパワーによってはカット不要）、葉をミキサーの1/3程度入れて、水を容器の半分まで注ぎ、スイッチをオンします。

② 20～30秒ミキサーにかけ、全体が鮮やかなグリーンになったら、スイッチを切り、茶こしなどで松の繊維を濾せば完成。

完成した松ジュースに、お好みでレモン、はちみつ、バナナ、明日葉、パセリなどを加え、ミキサーにかけてスムージーにしてもおいしいです。

※作り置きする時は、１週間分（２リットル程度）を目安に作り、ペットボトルなどに入れて冷蔵庫で保存します。

野草味噌の仕込み方

【材料】
- 米麹　500g
- 豆麹　500g
- 塩　　125g
- 水　　適量
（ひたひたになるくらい、約450mℓ）
- 野草　両手１杯分

《作り方》

① それぞれの麹をほぐしておきます。
② 野草を洗って、みじん切りにします。
③ 塩と麹を合わせ②も混ぜ合わせます。
④ ③をジッパー付きの保存袋に入れて、水を全体の半分が浸るくらいまで入れ、袋の中の空気をしっかり抜きます。

完成は冬場の仕込みなら半年後から、夏場の仕込みなら１カ月後から食べられます。
土用を経験させた味噌はさらにおいしく仕上がります。

野草塩

【材料】
- お好みの野草　（摘んで、１日天日干し後、陰干ししたもの）
- 塩

〈材料はそれぞれ仕込み量に合わせてお好みでご用意ください〉

《作り方》

① 乾燥させた野草をブレンダーなどで粉末にします。
② 塩を土鍋で煎ります。
③ 塩がパラパラになったら、粉末になった野草を入れ、馴染ませたら完成。

野草味噌のホイコーロー

撮影でお昼休憩時にスタッフに振舞われた一品（カバー写真小釣氏の上の画像）

【材料】

２～３人分

- キャベツ　1／４玉　　•豚肉　200ｇ（豚バラスライスなど）
- 野草　ひとつかみ程度

A ニンニク　１かけ分（みじん切り）／生姜　１かけ分（みじん切り）／醤油　大さじ２／野草味噌　大さじ２／コチュジャン　小さじ１

- ごま油　大さじ１

《作り方》

① フライパンにごま油をひき、火にかけます。

② 豚肉、ザク切りした野草を炒めます。

③ 肉に火が通ったらキャベツ、あらかじめ合わせておいたAを加え、炒め合わせたら完成。

おわりに

ここまで読んでくださいまして、ありがとうございます。

でも、本には載せきれなかったけれど紹介したかった野草の秘めた力が、本当はまだまだたくさんあるんです。

日々の生活の中で、習慣的に身体と五感にアプローチし、身体の内側と心と脳（潜在意識）をデトックスする働きは、そんな隠された力のひとつにすぎません。

本書を読んでくださった方たちには、ぜひ他の秘められた力のことも知っていってほしいと思っています。

私は、２０１８年5月、ミャンマーで、その土地の自然素材で作る学校造りの支援をしているチームに2週間ほど参加させていただくという貴重な体験をしました。

私は、チームの活動に参加しながらも現地の学校給食を作っているシェフから野草料理を教えていただき、お返しに私が作った野草料理を食べてもらったり、野草のお味噌を現地の材料で作って仕込んだりして異文化交流もしてきました。

ミャンマーでは、野草は家庭料理として食べられていました。

なかでも、日本でもよく知られているツボクサを盛りだくさんに使うサラダ：ミンクワァウィウェがとても印象的でした。

ミンクワァウィウェは、ツボクサに香ばしいピーナッツオイルたっぷりとフライドオニオン、ニンニク、さらにピーナッツ（他にもあったけど忘れてしまいました笑）に現地の調味料で味付けするサラダです。

これがいくらでも食べられてしまうほどのおいしさでした！

野草はマーケットでも売られていて、いつか日本でもこんな風に野草が身近な食材として使われ、食卓に並ぶ日が来ないかなぁーと夢見たのを今でも覚えています。

また、ミャンマーでは、頑張るという概念がないことにも驚きました。

交流したその村の民族の方たちは、日本ではもう失われてしまったとも思える助け合いの文化の中で暮らしているように見えました。

人々の心は野草のようにピュアだったことに感激したのを鮮明に覚えています。

彼らこそ、真に野草と共に生きる方法を知っているのだと感じました。

あの時の貴重な刺激と体験は今の私の糧のひとつになっています。

素直な心で野草と関わり、自分の軸を創り、自分に自信を持った選択力を身につけ、主体性のある人生を送ることができるようになりましょう。

そうすれば、世界は今までと違って見えてきます。

小釣はるよ

◆【10分で学べる！】雑草が宝物になる野草オンライン無料講座ご案内◆

野草についてより詳しく知りたいという初心者の方へ向けて、２０１９年1月から延べ８００人以上に参加いただいている野草オンライン講座のご案内です。

１レッスン約10分と短いながらも、野草をライフスタイルに取り入れるための第一歩に必要な知識が、ふんだんに盛り込まれた講義内容となっております。

〈内容の一部〉
・あなたにもできる「野草の見つけ方、探し方」
・「気になる野草」と「目が合う野草」の違い
・「犬のおしっこ」や「排気ガス」など、野草摘みについてのＱ＆Ａ
・人生を変える野草ライフの始め方……ｅｔｃ

〈参加いただいた方からのご感想〉

「野草が良いと思ってはいたけれどこんなにすごいとは思っていなかったし、知らないことばかりで雑草を見る目が変わりました」「野草をもっと知りたくなった」「雑草が厄介な存在と思っていたのに、どの草を見ても可愛らしく思えてきます。高価なサプリメントじゃなく、目の前の野草が健康を作り守ってくれる事に震える程の感動を感じます」

野草オンライン講座の詳細はこちらをご覧ください。

【10分で学べる！】雑草が宝物になる野草オンライン講座
https://ew-labo.com/wild-plants/10minutes.html

◆小釣はるよの『本当にすごい！　松の底力オンライン講座』＋岩手県の天然松葉500g付き◆

本書で紹介した「松ジュースde松ゼリー」のレシピはもうチェックされましたか？

鮮やかな緑色に、びっくりされた方もいらっしゃるかもしれませんね。

野草の中でも、特に『松葉』にはとても高いエネルギーとパワーが含まれており、野草マイスターには欠かせないものとなっています。

松には、古来から人々が口にし、からだと心を「癒やす」「守る」「高める」ために、活用されてきた歴史があります。

この講座では、よそでは聞けない松の本当のすごさ、松ジュースの作り方、松の葉で免疫を高める秘訣、より効率よく取り入れる方法などが学べます。

また、受講いただいたすべての方に、天然松５００ｇがご自宅へ届きますので、松を入手しづらい方も、講座の知識を活かし、すぐに松ライフを始められます！

【講義内容の一部】

・明かされてこなかった松の秘密とは？
・松のすごい成分と持ち味とは？
・松を効果的に使う秘訣
・松ジュースの作り方とその効果
・抗菌抗ウィルス体質になるには？
・松の枝の活用法
・安心安全な抗菌スプレーの作り方
・松と見えない菌やウィルスとの関わり方……ｅｔｃ

お申し込みや講座の詳細は、野草と発酵の学校ホームページでご確認ください。

【野草と発酵の学校オフィシャルホームページ】

https://ew-labo.com/

小釣はるよ　Kotsuri Haruyo
野草と発酵の学校代表。
2014年に野草と発酵の学校の主体となる、NPO法人E&W
ラボ酵素と野草研究所を設立。
野草や発酵の知識を活かし商品開発、商品監修など幅広く
活躍中。
現在も講師としての活動を続けている。
HP http://ew-labo.com/

儀賀玲子　Giga Reiko
野草と発酵の学校認定講師。
自身のアトピー、子育ての悩みを解決するために食育など
を学ぶ過程で小釣氏と出会い、野草を生活に取り入れ始める。
本書撮影時は主に料理担当。

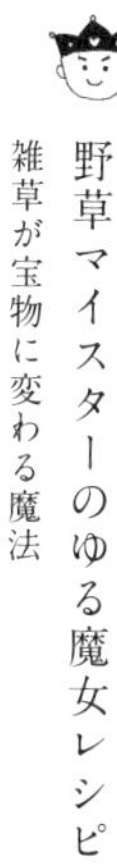

野草マイスターのゆる魔女レシピ
雑草が宝物に変わる魔法

第一刷　2020年6月30日

著者　小釣はるよ
　　　儀賀玲子

発行人　石井健資

発行所　株式会社ヒカルランド
〒162-0821 東京都新宿区津久戸町3-11 TH1ビル6F
電話 03-6265-0852　ファックス 03-6265-0853
http://www.hikaruland.co.jp　info@hikaruland.co.jp

振替　00180-8-496587

本文・カバー・製本　中央精版印刷株式会社

DTP　株式会社キャップス

編集担当　伊藤愛子

ISBN978-4-86471-893-6

本といっしょに楽しむ ハピハピ♥ Goods&Life ヒカルランド

琉球発！ 自然由来の厳選成分をブレンドした
輝く「わたし」への目覚めを促す特別なシャンプー

沖縄でホリスティックケアを主宰し、マクロヴィオティックインストラクター、アーティストなどさまざまな活動を通じて、美しく生きることへの提案を行っている2人の女性“kimi”と“tami”のコラボにより、「明るく、軽く、生きる」を実感できる、高波動でホリスティックなシャンプーが登場しました。

“kimi”（右）と“tami”（左）

自然界の恵みを存分に配合し、髪や頭皮への潤いはもちろん、脳の活性化、デトックス、浄化作用、リラックス効果など、さまざまな癒しを提供しながら「わたし＝自分」を本来あるべき姿へと導いていくことが期待できる逸品です。高揚感のある香りに包まれながら洗髪すれば、頭頂からすべての源である子宮の浄化まで、解放が促されていきます。オールインワンシャンプーとして、全身洗いにもお使いいただけます。

◎極上成分がたっぷり

◆琉球松のオイル
やんばるの龍が宿ると伝承され、松果体を活性化し、自然からの恵みや宇宙からのメッセージを五感で受け取りやすくなることが期待できます。

小釣はるよさんが採取したものを使用！

◆スパイクナード
マグダラのマリアが最後の晩餐でキリストに使ったと伝わる、たいへん貴重な由緒正しきオイルです。

◆フランキンセンス
DNAを修復する作用があると言われ、古代より世界各地で宗教儀式に用いられてきました。

わたし
■ 5,500円（税込）
●内容量：225mℓ
●成分：水、ラウロイルメチルアラニンNa、ラウロイルアスパラギン酸Na、コカミドプロピルベタイン、コカミドDEA、PEG-150ジステアリン酸、グリセリン、フェノキシエタノール、ポリクオタニウム-10、ペンチレングリコール、ポリソルベート80、クエン酸、オレンジ油、スパイクナード、シナモンリーフ、琉球松、フランキンセンス、セサミオイル
※敏感な方はご使用の前にパッチテストをおすすめします。
※数量限定品です。在庫がなくなり次第販売終了を予定しております。

【お問い合わせ先】ヒカルランドパーク

＊ご案内の価格、その他情報は発行日時点のものとなります。

・クルクミノイド……受容体を保護し脳の働きを高める
・スーパーケルセチン……吸収効率を向上させ代謝を助ける。レシチンでコーティングを行い特殊加工をしたものを使用
・β-カリオフィレン……スーパーフード・コパイバの主成分。ECS にも直接働きかける
・インカインチ、ヘンプシードオイル……ベースオイルに用いている素材もスーパーフード

《ECS（エンドカンナビノイドシステム）が司る心身の機能》

痛み、免疫、感情抑制、運動機能、発達・老化、神経保護、認知・記憶、体温、自律神経、ホルモン、ストレス、など

白姫 CBD オイル evolution Ⅱ（エヴォリューションⅡ）

■ 16,200円（税込）

●内容量：30mℓ
● CBD 含有量：1000mg
●原材料：麻種子油、サチャインチ種子油、麻種子油抽出物、ツバメの巣エキス末、グルコース、マルトデキストリン、β-カリオフィレン、レシチン、微結晶セルロース、ウコン色素、キシロース、酵素分解レシチン、ヒマワリレシチン、ケルセチン、二酸化ケイ素（一部に大豆含む）
●使用例：１日、スポイトの７分目を目安に舌下に垂らしてお召し上がりください。１分ほど含ませるのが理想的です。回数は１日２回にわけても構いません。食品ですので、摂取量に特に制限はありません。
※乳化剤を使わないため沈殿が起こりますが、品質に問題はありません。
※開封後は冷蔵庫で保管し、１か月以内に消費ください。

化粧品で大人気！ 白姫シリーズのCBDオイル
神聖な麻＋スーパーフードの競演で心と体を正常に

◎今注目の麻の成分 CBD をナノ化し、吸収率＆伝達率の向上に成功！

豊富な地場修正の経験を活かした数々の化粧品をヒットさせている白姫ラボより、「CBD オイル」が従来品からさらに進化（evolution）を遂げ、リニューアルして帰ってきました。

日本では古来より神事などに用いられてきた麻ですが、CBD とは100を超える麻の成分の中でもとびきり心身の健康に寄与するものとして、特に近年、世界中で注目を集めています。CBD は、神経系、免疫系を司るとされ、脳とすべての臓器をつないで情報伝達を行う体内のシステム、ECS（エンドカンナビノイドシステム）の働きを高めることによって、精神の安定や自然治癒力の向上など、ホメオスタシス（恒常性維持機能）を活性化させ、健康をサポートしてくれる力を備えています。そして、腸から吸収されるのと異なり、脳内にある受容体に直接作用するので、スピーディーに効果が期待できるのも特長です。

「白姫 CBD オイル evolution II」は、ヨーロッパの特定農場からの安全な麻原料を用いて、CBD をナノ化（リポソーム化）。大学医学部薬学専攻の博士を中心とした白姫ラボとの産学共同開発によって製品化されました。確かな品質と安全性はもちろんのこと、ナノ化により、吸収・伝達力に優れた仕上がりとなっています。


ECS（エンドカンナビノイドシステム）の働き

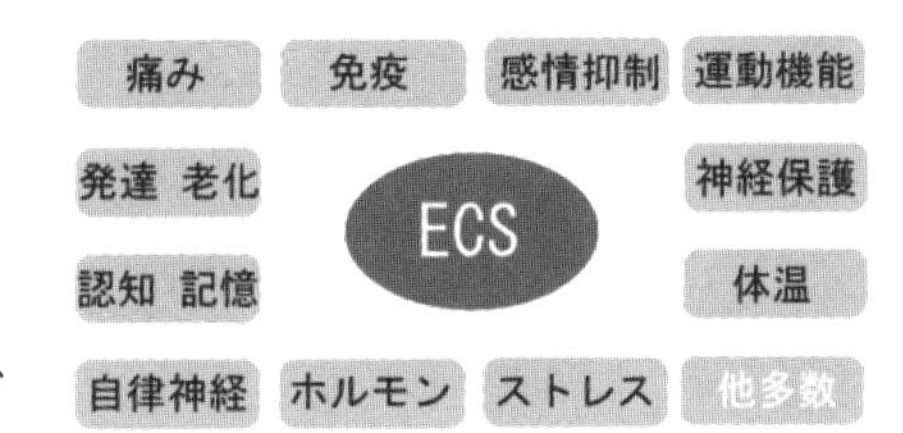

◎ CBD だけではない！ 厳選成分による作用がさらに後押し

CBD が体内で十分な働きをするためには、神経と免疫細胞の「受容体」活性化が鍵を握ります。実はこの条件が揃わないと CBD 単体では思うほど効果を上げることができないのです。
そこで、「白姫 CBD オイル evolution II」は高純度の CBD のほか、受容体を活性化させる豊富な成分を含有。すべて ECS を高めることに集中して働くよう計算された、選りすぐりの成分です。

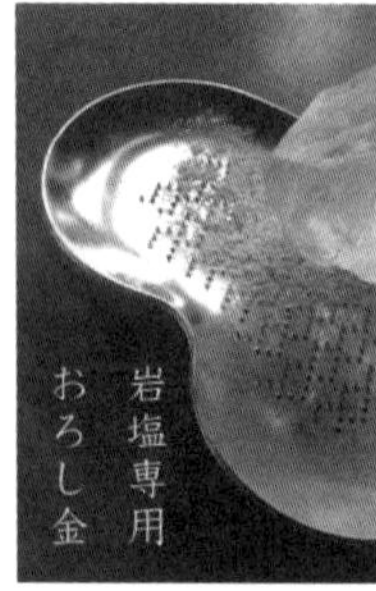

クリスタル岩塩ブロック&おろし金 2 点セット

■ 3,705円（税込）

内容量は250ｇ。塩はブロック大。
新潟県燕市のおろし金専門メーカーが製造した岩塩専用の逸品。最新技術によって、かつて職人が１つひとつの目を叩き出した「本目立て」を再現し、原料に錆びにくい純チタンを使用。粉雪のような微細な粒子となるため、より繊細な塩味を味わえます。

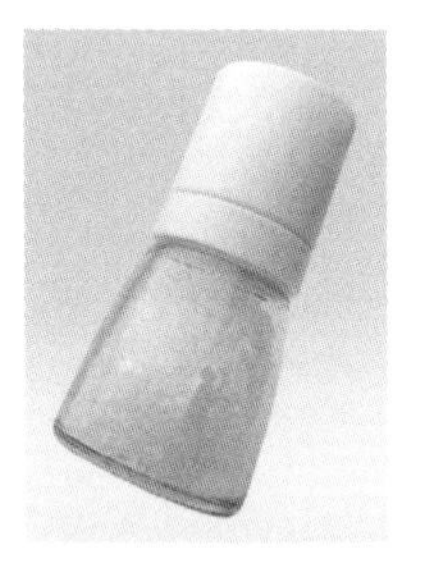

クリスタル岩塩&ピンク岩塩&オリジナルミル 3 点セット

■ 2,880円（税込）

内容量は、ともに250ｇ。塩は３～５㎜の粒大。
オリジナルミルは、セラミック刃を使用しており、錆びる心配なし。調整ツマミで岩塩の粒の大きさを変える事が可能。揚げ物の衣に絡ませたいときには細かく、カリッと塩の感触を味わいたいときは大粒にするというのも岩塩ならではの愉しみ方。一般に流通しているミルよりは一回り大振りなサイズで、塩の入れ替えがスムーズで使い勝手もよいと高評価です。

ミルのつめ替え用もございます。

クリスタル岩塩 ミルタイプ　250g

■ 780円（税込）

＊ご案内の価格、その他情報は発行日時点のものとなります。

本といっしょに楽しむ ハピハピ♥ Goods&Life ヒカルランド

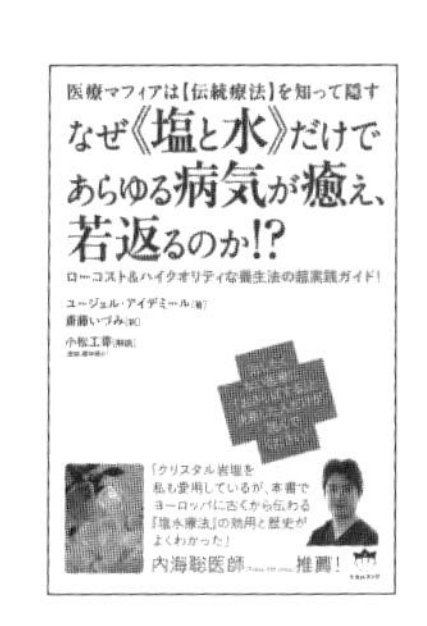

光のエネルギーが舞い込む！
「クリスタル岩塩」

● 地球が育てた希少な純粋結晶

クリスタル岩塩は、パキスタンの太古の地層から採掘される、環境汚染とは無縁の古代海水が結晶化した塩です。甘味と旨味が特徴的で貝類のような旨味が広がります。

塩の立方体結晶がとてもきれいに繋がっているのが他の塩とは異なる点です。このため乱反射がなく透明に見えます。普通の有色の岩塩が石炭のような粗い構造をしているのに対して、ダイヤモンドのような緻密な構造で元素同士がきれいに配列されています。そのため水に溶けやすくイオン化しやすいため、身体に優しく浸透しやすいお塩です。

ヒマラヤ産岩塩の中では最も採掘量が少なく、全体量の５％以下程度しか採掘されません。日常的に使う塩だからこそ、もう一度見つめ直して、大地のエネルギーをとりいれてみてはいかがでしょうか。

● 料理に合わせて広がる味わい

クリスタル岩塩はカリウムを含んだ旨味のある野菜や、魚類、貝類、甲殻類によく合います。汁物にすると貝類系の旨味がよりいっそう活きます。白身魚や鶏肉との相性が抜群。

クリスタル岩塩と同じ古代岩塩層より採掘されるのがピンク岩塩ですが、採掘量は比較的多く、クリスタル岩塩に比べると地層的には「若い」お塩で、ナトリウム以外の微量成分が多く含まれています。ピンクの色素の由来は、鉄イオンによるもの。若干スパイシーなので、お肉との相性がGOOD。

【お問い合わせ先】ヒカルランドパーク

レイシ（霊芝）
血流をよくし、免疫力を正常化する働きをもつレイシをあわせ、センダンの効果を高めています。

センダン（栴檀）
古くより薬草として用いられ、葉のエキスからは、ウイルスを除去（不活化）する成分が発見されています。

■ なぜ“のど飴”なの？

ウイルスが感染するのは、喉の粘膜。鼻や口から入ったウイルスは、喉の粘膜から細胞に侵入し、血液によって全身にひろがっていきます。つまり、ベストな方法は、喉で防御するということ。

喉からの感染を防ぐためには、喉の粘膜に分泌される免疫抗体・IgA 抗体という物質を増殖させる必要があります。しかし、これはワクチン接種ではかないませんし、それだけでは十分とは言えません。

また、錠剤やスプレータイプなどについても比較検討・実験し、データ取得もしましたが、一番押さえておきたい喉を守るためには、飴が一番という結論に達しました。

■ 特許取得！　驚きの数値も出ています！

「インフルエンザ予防・治療用の投与組成物」として2014年に特許認可、登録されています。飴としては、世界初の発明品と言えます。

また、日本食品分析センターによるウイルス不活化試験の結果、驚きの数値も報告されています。
＊試験ウイルスはインフルエンザウイルスＨ１Ｎ１
（財団法人日本食品分析センター　第209040684-001号）
＊特許取得品（特許第5578646号）

◆お召し上がり方◆

人混みに行ったとき、人と会話したとき、帰宅したら“舐める”のではなく、口の中に“置いておく感じ”で、ゆっくりと溶かしながら召し上がってください。この方法ですと、１粒あたり30分くらい、お口の中にある状態になります。

(30分で98%、２粒摂ると99%ウイルスが不活化するというデータが出ています）

１日１粒～４粒を目安にお楽しみください。

【お問い合わせ先】ヒカルランドパーク

＊ご案内の価格、その他情報は発行日時点のものとなります。

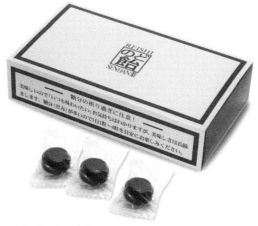

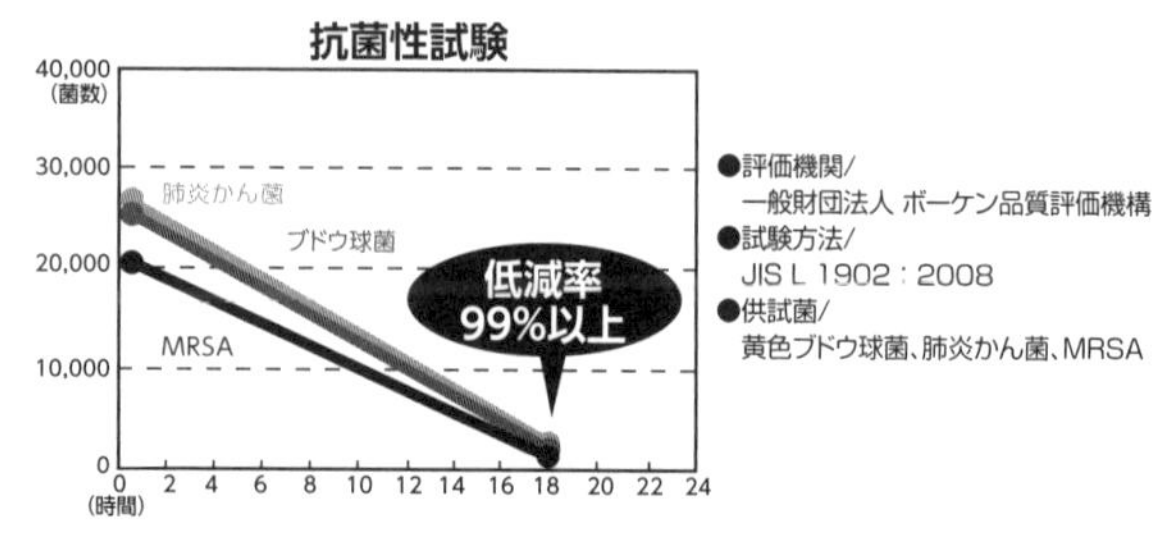

メディカルハイブリッドレースシールド

■S（２枚入り） 90,200円（税込）
■M（２枚入り） 99,000円（税込）
■L（２枚入り）107,800円（税込）
●サイズ：［S］100cm×135cm、［M］100cm×176cm、［L］100cm×198cm
●特許技術アースプラス技術使用

メディカルハイブリッド寝具カバー３点セット

■シングル 107,800円（税込） ■ダブル 140,800円（税込）

●サイズ：【シングル】［枕カバー（１枚）］45cm×90cm、［掛けカバー］150cm×210cm、［敷カバー］150cm×250cm、【ダブル】［枕カバー（２枚）］45cm×90cm、［掛けカバー］190cm×210cm、［敷カバー］190cm×250cm
●特許技術アースプラス技術使用、日本アトピー協会推薦品
※布団は付属しておりません。

●ご購入・お問い合わせについて

メディカルハイブリッド製品をご購入の際はヒカルランドパークまで、お電話（03-5225-2671／平日10～17時）またはFAX（03-6265-0853／24時間受付）でご連絡ください。メディカルハイブリッド製品はインターネットによるご注文はお受けできませんので、ご了承ください。

＊ご案内の価格、その他情報は発行日時点のものとなります。

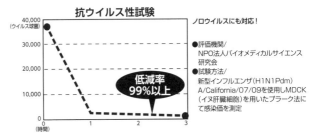

不思議・健康・スピリチュアルファン必読！
ヒカルランドパークメールマガジン会員（無料）とは??

ヒカルランドパークでは無料のメールマガジンで皆さまにワクワク☆ドキドキの最新情報をお伝えしております！　キャンセル待ち必須の大人気セミナーの先行告知／メルマガ会員だけの無料セミナーのご案内／ここだけの書籍・グッズの裏話トークなど、お得な内容たっぷり。下記のページから簡単にご登録できますので、ぜひご利用ください！

◀ヒカルランドパークメールマガジンの
登録はこちらから

ヒカルランドのGoods & Lifeニュースレター「ハピハピ」
ご購読者さま募集中！

ヒカルランドパークが自信をもってオススメする摩訶不思議☆超お役立ちなHappyグッズ情報が満載のオリジナルグッズカタログ『ハピハピ』。どこにもない最新のスピリチュアル＆健康情報が得られると大人気です。ヒカルランドの個性的なスタッフたちによるコラムなども充実。２～３カ月に１冊のペースで刊行中です。ご希望の方は無料でお届けしますので、ヒカルランドパークまでお申し込みください！

最新号 vol.20は2020年
5月刊行！

ヒカルランドパーク
メールマガジン＆ハピハピお問い合わせ先
- お電話：03－6265－0852
- FAX：03－6265－0853
- e-mail：info@hikarulandpark.jp

・メルマガご希望の方：お名前・メールアドレスをお知らせください。
・ハピハピご希望の方：お名前・ご住所・お電話番号をお知らせください。

ヒカルランド　好評既刊!

地上の星☆ヒカルランド　銀河より届く愛と叡智の宅配便

アーシング
著者：クリントン・オーバー
訳者：エハン・デラヴィ・愛知ソニア
A5ソフト　本体3,333円+税

腸は宇宙の全てを記憶している
著者：渡邊千春
四六ソフト　本体2,000円+税

タイムウェーバー
著者：寺岡里紗
四六ソフト　本体2,000円+税

なぜ《塩と水》だけで
あらゆる病気が癒え、若返るのか!?
著者：ユージェル・アイデミール
訳者：斎藤いづみ
四六ソフト　本体1,815円+税